Leitfaden

für den praktischen Unterricht

in der

Einfachen und Doppelten Buchführung

mit besonderer Berücksichtigung

des Bücher-Abschlusses der doppelten Buchhaltung

und einem Anhange:

Die amerikanische Buchhaltung.

Zum Gebrauch

in Handels- und Kaufmännischen Fortbildungsschulen.

Bearbeitet von

Emil Huschke,

gerichtl. Bücherrevisor und Handelslehrer.

Achtzehnte Auflage.

1914.

Springer-Verlag Berlin Heidelberg GmbH

Clandiusstrasse 9.

Additional material to this book can be downloaded from http://extras.springer.co

ISBN 978-3-662-33505-5 ISBN 978-3-662-33903-9 (eBook)
DOI 10.1007/978-3-662-33903-9

Softcover reprint of the hardcover 18th edition 1914

Vorwort

zur vierzehnten und fünfzehnten Auflage.

Die vorliegende Auflage ist ein unveränderter Abdruck der voraufgegangenen Auflagen.

Dem vereinzelt geäusserten Wunsche nach einem Sonderabdruck der Aufgaben bedaure ich nicht nachkommen zu können. Der Preis des Buches ist so niedrig, dass die Anschaffung auch dem weniger Bemittelten möglich ist.

Viele junge Leute, welche einen Unterrichtskursus in der Buchführung besucht haben, kommen nicht dazu, die hier erworbenen Kenntnisse sofort oder in vollem Umfange in der Praxis zu verwerten. Für sie hat der Leitfaden bleibenden Wert, indem er sie in den Stand setzt, das Erlernte zu wiederholen und das Vergessene ins Gedächtnis zurückzurufen. Dieser Zweck wird verfehlt, wenn den Schülern nur die Aufgaben zugängig gemacht werden.

Berlin, im Januar 1911. **Der Verfasser.**

Vorwort

zur sechzehnten und achtzehnten Auflage.

Während des Verkaufs der obigen Doppelauflage dieses Werkes, das Tausenden von jungen Kaufleuten in mustergültiger, leichtfasslicher Weise die für ihr Berufsleben so überaus wichtigen Lehren der Buchführung vermittelte, ist sein verdienstvoller Verfasser gestorben. Seine vortreffliche Arbeit erscheint auch diesmal in jener unveränderten Form, die seit langen Jahren allgemein mit Beifall aufgenommen wurde. In liebenswürdiger Weise hat sich jedoch der Sohn und Mitarbeiter des Verstorbenen, Herr Fritz Huschke, bereit erklärt, etwa hervortretende Wünsche zu prüfen und zu berücksichtigen; alle Zuschriften werden durch den Verlag erbeten.

Berlin NW. 23, Ostern 1914.

Hugo Spamer.

Inhalts-Verzeichnis.

I. Teil.

Anleitung.

Allgemeines.

Unter Buchführung oder Buchhaltung verstehen wir eine nach bestimmten Regeln geordnete Niederschrift von Geschäftsvorfällen. Diese geschieht in besondere, zu diesem Zwecke eingerichtete Bücher. Ein Geschäftsvorfall entsteht durch jede Veränderung unseres Geschäftsvermögens. Der Zweck der Buchführung ist, über alle Veränderungen jederzeit in knapper und übersichtlicher Form Aufschluss zu geben. Insbesondere soll sie uns eine Kontrolle ermöglichen über jeden Ab- und Zugang von Wertobjekten (z. B. Geld, Waren, Wechseln) und erkennen lassen, wie viel und von wem wir zu fordern haben, wie viel und wem wir schuldig sind.

Jeder ordnungsliebende Geschäftsmann wird schon im eigenen Interesse Bücher führen. Dem Vollkaufmann jedoch legt das Gesetz geradezu die Verpflichtung zur Führung von Handelsbüchern auf. Die betreffenden §§ des Handelsgesetzbuches lauten wie folgt:

Handelsbücher.

§ 38. Jeder Kaufmann ist verpflichtet, Bücher zu führen und in diesen seine Handelsgeschäfte und die Lage seines Vermögens nach den Grundsätzen ordnungsmässiger Buchführung ersichtlich zu machen. Er ist verpflichtet, eine Abschrift (Kopie oder Abdruck) der abgesendeten Handelsbriefe zurückzubehalten und diese Abschriften sowie die empfangenen Handelsbriefe geordnet aufzubewahren.

§ 39. Jeder Kaufmann hat bei dem Beginne seines Handelsgewerbes seine Grundstücke, seine Forderungen und Schulden, den Betrag seines baren Geldes und seine sonstigen Vermögensgegenstände genau zu verzeichnen, dabei den Wert der einzelnen Vermögensgegenstände anzugeben und einen das Verhältnis des Vermögens und der Schulden darstellenden Abschluss zu machen.

Er hat demnächst für den Schluss eines jeden Geschäftsjahres ein solches Inventar und eine solche Bilanz aufzustellen; die Dauer des Geschäftsjahres darf zwölf Monate nicht überschreiten. Die Aufstellung des Inventars und der Bilanz ist innerhalb der einem ordnungsmässigen Geschäftsgang entsprechenden Zeit zu bewirken.

Hat der Kaufmann ein Warenlager, bei dem nach der Beschaffenheit des Geschäfts die Aufnahme des Inventars nicht füglich in jedem Jahre geschehen kann, so genügt es, wenn sie alle zwei Jahre erfolgt. Die Verpflichtung zur jährlichen Aufstellung der Bilanz wird hierdurch nicht berührt.

§ 40. Die Bilanz ist in Reichswährung aufzustellen. Bei der Aufstellung des Inventars und der Bilanz sind sämtliche Vermögensgegenstände und Schulden nach dem Werte anzusetzen, der ihnen in dem Zeitpunkte beizulegen ist, für welchen die Aufstellung stattfindet. Zweifelhafte Forderungen sind nach ihrem wahrscheinlichen Werte anzusetzen, uneinbringliche Forderungen abzuschreiben.

§ 41. Das Inventar und die Bilanz sind von dem Kaufmanne zu unterzeichnen. Sind mehrere persönlich haftende Gesellschafter vorhanden, so haben sie alle zu unterzeichnen. Das Inventar und die Bilanz können in ein dazu bestimmtes Buch eingeschrieben oder jedesmal besonders aufgestellt werden. Im letzteren Falle sind sie zu sammeln und in zusammenhängender Reihenfolge geordnet aufzubewahren.

§ 42. (Betrifft Ausnahmen für Reichs-, Staats- und Kommunalverwaltungen.)

§ 43. Bei der Führung der Handelsbücher und bei den sonst erforderlichen Aufzeichnungen hat sich der Kaufmann einer lebenden Sprache und der Schriftzeichen einer solchen zu bedienen. Die Bücher sollen gebunden und Blatt für Blatt oder Seite für Seite mit fortlaufenden Zahlen versehen sein. An Stellen, die der Regel nach zu beschreiben sind, dürfen keine leeren Zwischenräume gelassen werden. Der ursprüngliche Inhalt einer Eintragung darf nicht mittelst Durchstreichens oder auf andere Weise unleserlich gemacht, es darf nichts radiert, auch dürfen solche Veränderungen nicht vorgenommen werden, deren Beschaffenheit es ungewiss lässt, ob sie bei der ursprünglichen Eintragung oder erst später gemacht worden sind.

§ 44. Die Kaufleute sind verpflichtet, ihre Handelsbücher bis zum Ablaufe von zehn Jahren, von dem Tage der darin vorgenommenen letzten Eintragung an gerechnet, aufzubewahren. Dasselbe gilt in Ansehung der empfangenen Handelsbriefe und der Abschriften der abgesendeten Handelsbriefe, sowie in Ansehung der Inventare und Bilanzen.

§ 45. Im Laufe eines Rechtsstreits kann das Gericht auf Antrag oder von Amtswegen die Vorlegung der Handelsbücher einer Partei anordnen. Die Vorschriften der Civilprozessordnung über die Verpflichtung des Prozessgegners zur Vorlegung von Urkunden bleiben unberührt.

§ 46. Werden in einem Rechtsstreite Handelsbücher vorgelegt, so ist von ihrem Inhalte, soweit er den Streitpunkt betrifft, unter Zuziehung der Parteien Einsicht zu nehmen und geeignetenfalls ein Auszug zu fertigen. Der übrige Inhalt der Bücher ist dem Gericht insoweit offen zu legen, als es zur Prüfung ihrer ordnungsmässigen Führung notwendig ist.

§ 47. Bei Vermögensauseinandersetzungen, insbesondere in Erbschafts-, Gütergemeinschafts- und Gesellschaftsteilungssachen, kann das Gericht die Vorlegung der Handelsbücher zur Kenntnisnahme von ihrem ganzen Inhalt anordnen.

Aus diesen Artikeln geht hervor, dass der Kaufmann an eine bestimmte Art der Buchführung nicht gebunden ist, sondern dass es ihm überlassen bleibt, eine dem Umfange und dem Wesen seines Geschäfts entsprechende Form zu wählen, sofern durch diese den gesetzlichen Bestimmungen genügt wird.

Die unterlassene oder unordentliche Führung von Handelsbüchern wird nach folgenden Paragraphen der Konkursordnung bestraft.

§ 239. Schuldner, welche ihre Zahlungen eingestellt haben. oder über deren Vermögen das Konkursverfahren eröffnet worden ist, werden wegen betrüglichen Bankerutts mit Zuchthaus bestraft, wenn sie in der Absicht, ihre Gläubiger zu benachteiligen,

1) Vermögensstücke verheimlicht oder bei Seite geschafft haben,
2) Schulden oder Rechtsgeschäfte anerkannt oder aufgestellt haben, welche ganz oder teilweise erdichtet sind,
3) Handelsbücher zu führen unterlassen haben, deren Führung ihnen gesetzlich oblag, oder
4) ihre Handelsbücher vernichtet oder verheimlicht oder so geführt oder verändert haben, dass dieselben keine Uebersicht des Vermögenszustandes gewähren.

Sind mildernde Umstände vorhanden, so tritt Gefängnisstrafe nicht unter drei Monaten ein.

§ 240. Schuldner, welche ihre Zahlungen eingestellt haben, oder über deren Vermögen das Konkursverfahren eröffnet worden ist, werden wegen einfachen Bankerutts mit Gefängnis bestraft, wenn sie

1) durch Aufwand, Spiel oder Wette oder durch Differenzhandel mit Waren oder Börsenpapieren übermässige Summen verbraucht haben oder schuldig geworden sind,
2) in der Absicht, die Eröffnung des Konkursverfahrens hinauszuschieben, Waren oder Wertpapiere auf Kredit entnommen und diese Gegenstände erheblich unter dem Werte in einer den Anforderungen einer ordnungsmässigen Wirtschaft widersprechenden Weise veräussert oder sonst weggegeben haben,
3) Handelsbücher zu führen unterlassen haben, deren Führung ihnen gesetzlich oblag, oder dieselben verheimlicht, vernichtet oder so unordentlich geführt haben, dass sie keine Uebersicht ihres Vermögenszustandes gewähren, oder
4) es gegen die Bestimmung des Handelsgesetzbuches unterlassen haben, die Bilanz ihres Vermögens in der vorgeschriebenen Zeit zu ziehen.

Die Hauptmethoden, nach welchen die Bücher geführt werden, sind:

1) die einfache Buchführung, 2) die doppelte Buchführung.

Die ausserdem gebräuchliche amerikanische Buchführung ist nur eine besondere Form der doppelten Buchführung. Welcher Unterschied zwischen diesen Methoden besteht, werden wir bei den betreffenden Abschnitten ersehen.

Die einfache Buchführung.

Diejenigen Personen, mit denen wir Geschäfte abschliessen, nennen wir Geschäftsfreunde (Kunden und Lieferanten). Für jeden Geschäftsvorfall ist ein Empfänger und ein Geber erforderlich.

Der **Empfänger** eines Wertgegenstandes, sei es Ware, Wechsel oder Geld, wird **Schuldner** oder **Debitor** in Höhe des empfangenen Wertes. Wir bezeichnen dieses Schuldverhältnis in den Büchern
entweder: durch ein **hinter** den Namen des Empfängers zu setzendes „**Debet**“, d. h. **er schuldet** (Mehrzahl „**Debent**“, **sie schulden**; Abkürzung für beides „**Deb$\underline{\underline{t}}$**“)
oder: durch ein **vor** den Namen zu setzendes „**Per**“;
wir sagen, wir **belasten** den **Empfänger** in den Büchern.

Der **Geber** eines Wertgegenstandes wird **Gläubiger** oder **Kreditor** in Höhe des gegebenen Wertes. Wir bezeichnen diese Forderung an uns:
entweder: durch ein **hinter** den Namen des Gebers zu setzendes „**Credit**“, d. h. **er hat gut, er hat zu fordern** (Mehrzahl **Credunt**, Abkürzung für beides „**Cred$\underline{\underline{t}}$**“)
oder: durch ein **vor** den Namen zu setzendes „**An**“;
wir sagen, wir **entlasten** oder **erkennen** den **Geber** in den Büchern

Liefern wir z. B. unserem Kunden Eulner für 100 Mark Ware, so ist dieser der Empfänger, wir sind Geber und haben M. 100.— zu fordern. Wir buchen jedoch nicht:

wir haben von Eulner zu fordern für ihm gelieferte Ware. . . . . M. 100,—

sondern: Eulner . . . . Deb$\underline{\underline{t}}$ (schuldet)
für von uns empfangene Ware. . . . . . . M. 100,—

Wir notieren in den Büchern also nicht unser Verhältnis zu den Geschäftsfreunden, sondern deren Verhältnis zu uns.

(Ueber die Anwendung von „Per“ und „An“ siehe unter „Kassabuch“.)

Wir merken die in den nachstehenden beiden Tabellen aufgeführten Ausdrücke, von denen die untereinanderstehenden in der Buchführung gleichbedeutend sind.

Per	An
Debet (Soll)	Credit (Haben)
Debitor (Schuldner)	Kreditor (Gläubiger)
Empfänger	Geber
belasten (debitieren)	entlasten, erkennen (kreditieren)

Bevor wir einen Geschäftsvorfall in die Bücher eintragen, stellen wir fest:

Welcher Geschäftsfreund kommt in Betracht?
Empfängt oder giebt der Geschäftsfreund?
Ist der Geschäftsfreund zu belasten (debitieren) oder zu entlasten (kreditieren)?

Wir teilen die Bücher ein in:
notwendige Bücher und
Nebenbücher oder Hilfsbücher.

1. Notwendige Bücher.

Zu diesen rechnen wir diejenigen Bücher, deren Führung unbedingt notwendig ist, um die gesetzlich erforderte Uebersicht des Vermögenszustandes zu gewähren. (Wertnachweis.)

Hierzu gehören:
a) das Inventur- und Bilanzbuch,
b) das Kassabuch,
c) das Memorial,
d) das Hauptbuch oder Konto-Korrentbuch.

Die Führung des Inventur- und Bilanzbuches ist zwar nach § 41 H. G. in das Belieben des Kaufmanns gestellt; wir führen ein solches und rechnen es daher zu den notwendigen Büchern.

Das Inventur- und Bilanzbuch.

Es dient zur Aufnahme der Inventur und der Bilanzen, wie solche im § 39 H. G. vorgeschrieben sind. Nach diesem Paragraphen haben wir in dasselbe bei Beginn des Geschäftes einzutragen folgende

Eröffnungs-Bilanz am 1. November 19 . .

I. Aktiva.[1]				
Bares Geld			25 000	—
II. Passiva.[2]				
Sind nicht vorhanden	—	—	—	—
Mein Rein-Vermögen beträgt mithin	—	—	25 000	—

Berlin, den 1. November 19 . .

Robert Streber.

[1]) Aktiva = Besitz.
[2]) Passiva = Schulden.

Das Kassabuch.

Es dient zur Aufnahme der Buchungen über Geschäftsvorfälle, bei denen bares Geld (Koupons, Kassenscheine oder Banknoten) eingenommen oder ausgegeben wird. Wir betrachten die Kasse dem Geschäft gegenüber als eine unser Geld verwaltende fremde Person, welche uns über den Verbleib desselben Rechnung zu legen hat. Diese Rechnungslegung geschieht, indem wir im Kassabuch zwei gegenüberliegende Blattseiten oder Abteilungen einrichten, welche wir mit gleichen Ziffern bezeichnen. Auf der **linken** Seite buchen wir die **Geldeinnahmen, d. h.** was die Kasse **empfangen** hat, was sie uns demnach **schuldet;** daher heisst diese Seite: **„Debet** (Schuld) **seite“** der Kasse. Auf der **rechten** Seite buchen wir die **Geldausgaben, d. h. was** die Kasse **gegeben** hat, was sie gut hat; daher heisst diese Seite: **„Credit** (Guthaben) **seite“** der Kasse.

Vor jede Eintragung auf der Debetseite setzen wir das Wort „An“, weil das, was die Kasse empfängt, ein anderer geben muss; diesen **Kreditor** bezeichnen wir als solchen durch das davor gesetzte „An“.

Vor jede Eintragung auf der Creditseite setzen wir das Wort „Per“, weil das, was die Kasse giebt, ein anderer empfangen muss; diesen **Debitor** bezeichnen wir als solchen durch das davor gesetzte **„Per“**. (Vergleiche Seite 4.) Die Form, in welcher wir das Kassabuch führen, heisst Konto. Unter Konto haben wir eine Abrechnungsstelle zu verstehen, aus welcher hervorgeht, wie viel der Kontoinhaber schuldet oder gut hat.

Die in das Kassabuch einzutragenden Posten teilen wir ein in

Personen- oder Zielposten und
Sachen- oder Barposten.

Personen- oder Zielposten beziehen sich auf den Verkehr mit Geschäftsfreunden, mit denen wir in laufender Verbindung stehen und welchen wir Konten einrichten.

Sachen- oder Barposten betreffen reinen Geldumsatz, d. h. wir weisen durch dieselben nur nach, wofür Geld vereinnahmt oder verausgabt wird. Das Verhältnis der Geld empfangenden oder gebenden Person zu uns wird nicht notiert.

Als Regel für die Eintragungen in das Kassabuch merken wir:

Personen- oder Zielposten beginnen **stets** mit dem **Namen des Geschäftsfreundes** in hervortretender Schrift; dann folgt ev. der Text der Buchung.

Sachen- oder Barposten beginnen sofort mit dem Text der Buchung.

Am Schlusse des Monats prüfen wir, ob der Unterschied zwischen der grösseren Summe aller Debetposten und der kleineren Summe aller Creditposten des Kassabuches mit dem vorhandenen Kassenbestande übereinstimmt. Im Nichtfalle versuchen wir durch Nachprüfung sämtlicher Eintragungen den Fehler zu finden. Gelingt dies nicht, so buchen wir einen ev. Mehrbetrag in der Kasse als „Kassenplus“ auf der Debetseite des Kassabuches, einen ev. Fehlbetrag in der Kasse als „Kassenmanko“ auf der Creditseite des Kassabuches. Der Unterschied zwischen den Summen der Debet- und Creditseite des Kassabuches heisst „Saldo“ oder „Bestand“. Derselbe wird auf der Creditseite mit dem Text „Per Bestand“ hinzugefügt. Alsdann ergeben beide Seiten des Kassabuches gleiche Additionssummen, welche wir zwischen die Abschlusslinien schreiben.

1. November

Debet Kassa-

HB. 7	1	An R. Streber, Einlage				25 000	
„ 16	4	„ Detal-Konto, Losungen lt. Laden-Kassabuch				455	25
	7	„ Barverkaufa. W. Schüll, hier 980 kg Karolinareis % kg	58.—	568	40		
		÷ 4% Skonto		22	75	545	65
„ 9	14	„ J. Eulner, Frkft. a. O. Barzahlung				1 658	—
						27 658	90

2. Dezember

Debet Kassa-

	1	An Bestand				23 038	45

Der Bestand wird unter dem ersten Tage des neuen Monats auf der Debetseite wieder vorgetragen.

Das Memorial.

In demselben werden alle nicht auf Geldeinnahmen oder -Ausgaben bezughabenden Geschäftsvorfälle gebucht. Dahin gehören Ein- und Ausgänge von Waren und Wechseln, Retouren, Abzüge u. s. w. Es wird im Gegensatz zum Kassabuch Seite für Seite mit laufenden Zahlen versehen. Die Eintragungen geschehen in folgender Weise.

Auf die erste Zeile des Textraumes[1]) schreiben wir den Namen bezw. die Firma und den Wohnort des betreffenden Geschäftsfreundes. In einigem Abstand davon, in der Regel quer über die Geldrubriken, setzen wir die Bezeichnung, aus welcher das **Verhältnis des Geschäftsfreundes** zu uns hervorgeht, und zwar:

Debet, wenn derselbe etwas **empfangen hat**, weil er dessen Wert **schuldet**,

Credit, wenn derselbe etwas **gegeben** (geliefert) hat, weil er dessen Wert zu fordern oder **gut hat**.

Hierauf folgt der Text der Buchung, aus welchem ersichtlich sein muss, wofür der Betreffende debitiert (belastet) oder kreditiert (entlastet) wird.

Jede Eintragung wird gegen die folgende durch einen wagerechten Strich abgeschlossen.

In grösseren Geschäften werden der besseren Uebersicht halber die auf Waren-Verkauf und -Einkauf bezüglichen Posten nicht in das Memorial, sondern in 2 besondere Bücher eingetragen; und zwar:

in das Waren-Verkaufs- oder Rechnungsbuch (Kladde) die Waren-Lieferungen an die Kunden,

in das Waren-Einkaufs- oder Fakturenbuch die Waren-Lieferungen von den Lieferanten.

19 . . Konto.					1. Credt	
	2	Per Laden- u. Kontoreinrichtg.				
		lt. Lieferantenrechnung			3 050	25
		„ Handlungsbücher- u. Druck-				
		sachen			201	75
HB. 16		„ Detail-Konto				
		für Bareinkäufe			1 218	75
		„ Fracht etc. von Bremen			131	35
	30	„ Kassenmanko			18	35
		„ Bestand			23 038	45
					27 658	90

19 . . Konto					2. Credt	

Einrichtung und Probebuch im Memorial.

November 19 . . 1.

				Credt			
HB. 1		Ad. Roy & Co., Hamburg					
	1	p. Bahn franko:					
		800 kg Mokkakaffee %/0 kg	237,50	1900	—		
		1000 „ Javakaffee „ „	232,50	2325	—		
		1000 „ Guatemalakaffee „ „	205,—	2050	—		
		750 „ Campinaskaffee „ „	196,—	1470	—	7745	—
		Ziel 3 Mt. mit 2 % Skonto					
				Debt			
HB. 9		J. Eulner, Frankfurt a./O.					
	2	p. Sped. Henze, hier:					
		125 kg Mokkakaffee %/0 kg	285,—	356	25		
		235 „ Javakaffee „ „	275,—	646	25		
		125 „ Guatemalakaffee „ „	240,—	300	—		
		530 „ Melis „ „	54,—	286	20		
		165 „ Karolinareis „ „	58,—	95	70		
		Verpackung		12	50	1696	90
		Ziel 30 Tage mit 2 % Skonto					
	1)	← Textraum →					

Das Hauptbuch.

Der Zweck desselben ist, ohne Mühe und grossen Zeitaufwand über das Verhältnis der Geschäftsfreunde, mit denen wir in laufender Rechnung stehen, zu uns Aufschluss zu geben. Zu diesem Behuf eröffnen wir für jeden derselben ein Konto (vergl. Erklärung unter „Kassabuch“), welches wir mit dem Namen und Wohnort des Betreffenden überschreiben. Auf die linke, die Debetseite, übertragen wir die Endbeträge der Memorial-Posten, welche hinter dem entsprechenden Namen die Bezeichnung „Debt“ tragen; auf die rechte, die Creditseite, kommen die Endbeträge der Memorialposten, welche hinter dem betreffenden Namen die Bezeichnung „Credt“ tragen. Die Personen- oder Zielposten der Debetseite des Kassabuches werden auf die Creditseiten, die Zielposten der Creditseite des Kassabuches auf die Debetseiten der bezüglichen Konten im Hauptbuche übertragen.

Wir wollen das Inventur- und Bilanzbuch, das Memorial und das Kassabuch als **Vorbücher** für das Hauptbuch bezeichnen und merken uns die Regel:

> **Jede Eintragung in das Hauptbuch ist unbedingt einem Vorbuch zu entnehmen: selbständige Buchungen im Hauptbuch sind streng zu vermeiden.**

Der Uebertrag aus den Vorbüchern ist mit kurzem, den Geschäftsvorgang möglichst klar bezeichnenden Text zu machen.

Um aus einem Buche mit Leichtigkeit ersehen zu können, wo der Posten im anderen Buche steht, setzen wir im Hauptbuch in die Foliorubrik ein *M*, wenn die Buchung dem Memorial; ein *K*, wenn sie dem Kassabuch entnommen ist und fügen die Seitenzahl des Vorbuches hinzu.

In dem Vorbuch setzen wir bei den übertragenen Posten in die Monatsrubrik den Vermerk „*H. B.*“ mit dem nachfolgenden Folio des Hauptbuches. (Vergl. Memorial-, Kassabuch- und Hauptbuch-Schema.)

Dem Geschäftsinhaber richten wir ebenfalls ein Konto ein, weil wir denselben als Gläubiger (Kreditor) betrachten, welcher den Betrag seines Rein-Vermögens von dem Geschäft zu fordern hat.

Diejenigen Posten auf der Debet- und Creditseite eines Konto, welche gleiche Beträge ergeben, werden durch ein Häkchen oder sonstiges Zeichen kenntlich gemacht. Die Uebersicht über die noch nicht beglichenen Beträge wird dadurch wesentlich erleichtert.

Monatlich, viertel- oder halbjährlich, mindestens aber jährlich werden die Konten abgeschlossen. Zu diesem Zweck wird der Unterschied zwischen den Summen der Debet- und der Creditseite festgestellt. Diesen Unterschied nennen wir Saldo, und zwar Debetsaldo, wenn die grössere Summe auf der Debetseite, Creditsaldo, wenn solche auf der Creditseite stand. Um ein Konto abschliessen zu können, müssen beide Seiten desselben gleiche Additionssummen ergeben.

Wir erreichen dies, wenn wir den Saldo in diejenige Seite einsetzen, welche die kleine Additionssumme aufwies. Sodann wird das Konto durch Striche, wie Seite 10 u. 11, abgeschlossen und der Saldo auf der Seite, nach welcher er benannt ist, vorgetragen.

Zum schnellen Auffinden eines Konto wird ein Register angelegt, in welchem die Namen der Geschäftsfreunde in alphabetischer Reihenfolge mit der Folio-Zahl des Hauptbuches aufzuführen sind.

Register zum Hauptbuch der einfachen Buchführung.

Name	Wohnort	Fol.	Fol.	Fol.	Fol.
Baer & Sohn	Frankfurt a. O.	11			
Boldt, Gustav	Hier	7			
Cardi, F.	Triest	5			
Detail-Konto		16			
Diesner, C.	Dresden	13			
Dumont fils & frères	Bordeaux	6			
Eulner, J.	Hier	9			
Glück, M.	„	12			
Goern, Carl	„	10			
Grensing, F.	Fürstenwalde	11			
Hellmann, S.	Magdeburg	6			
Hypotheken-Konto		16			
Kasch & Co., Emil	Hamburg	3			
Moeller, H.	Guben	14			
Penzlin, Alfred	„	13			
Pforr, Wilh.	Breslau	15			
Roy & Co., Ad.	Hamburg	1			
Sauer & Sohn, B.	Hier	9			
Schaefer, J.	Breslau	15			
Schickler, F. A.	Hier	1			
Schultz, Ad.	Kottbus	12			
Schwarz, Reisender	im Geschäft	17			
Streber, Max	Hier	4			
Streber, R.	„	7			
Taylor, Jos.	London	2			
Teubner, G.	Hier	10			
Vogel & Co.	Bremen	2			
Voigt & Vogeler	Hier	3			
Zoonen, van	Amsterdam	5			
Zump Wwe, R.	Bremen	4			
Zweig, W.	Sommerfeld	14			

1. **Ad. Roy & Co.,**

Monat	Tag		Fol.	Debet	
19 . . .					
Nov.	24	An Accept	M. . . . ✓	3 200	—
„	30	„ Skonto u. Zinsen	M. . . . ✓	208	25
„	30	„ Kassa	K. . . . ✓	4 336	75

Abschluss eines Konto

9. **B. Sauer & Sohn,**

Monat	Tag		Fol.	Debet	
19 . . .					
Nov.	4	An Waren	M.	733	50
„	6	„ „	M.	95	55
				829	05
Dez.	1	An Saldo-Vortrag		221	30

Abschluss eines Konto

4. **Max Streber,**

Monat	Tag		Fol.	Debet	
19 . . .					
Nov.	30	An Saldo		4 500	—

2. Neben- oder Hilfsbücher.

Der Zweck derselben ist ein sehr verschiedener und allgemein schwer zu erklärender. In der Hauptsache dienen sie zur Mengen-Kontrolle über gewisse Teile des Geschäftsvermögens. (Bestandnachweis.)

Hamburg. 3 Mt. mit 2%[1]) 1

Monat	Tag		Fol.	Credit	
19 . . .					
Nov.	1	Per Waren	M. 1	7 745	—
„	24	„ Kommissionswaren	M.	4 000	—

mit einem Debet-Saldo.

Hier. 3 Mt.[1]) 9.

Monat	Tag		Fol.	Credit	
19 . . .					
Nov.	6	Per Retouren	M. . . .	99	—
		„ Wechsel	M. . . .	508	75
„	30	„ Saldo		221	30
				829	05

mit nur einem Posten.

Hier. 4.

Monat	Tag		Fol.	Credit	
19 . . .					
Nov.	29	Per Kassa	K. . . .	4 500	—
Dez.	1	Per Saldo-Vortrag		4 500	—

Ihre Zahl ist unbegrenzt und bleibt dem Ermessen des Geschäftsinhabers überlassen. Die gebräuchlichsten Nebenbücher sind die nachstehend durch Schemata veranschaulichten.

[1]) Kurze Bezeichnung der Verkaufsbedingungen.

Das Lagerbuch oder Waren-Skontro.

Die Führung eines solchen wird nur möglich sein in Geschäften, in denen Ware in grösseren Posten ein- und ausgeht.

Eingang. **Mandeln.**

Monat	Tag	Name	Fol.	Kilo	Preis pro 100 kg	Betrag	
19 . .							
Nov.	8	An Kassa	K. ...	223,5	160.—	357	60
„	30	„ Gewinn				35	25
				223,5		392	85
Dez.	1	An Bestand		95	165.—	156	75

Das Acceptbuch.

Es führt den Nachweis über die von uns acceptirten Wechsel oder auf uns gezogenen Tratten, welche wir am Verfalltage einlösen müssen. Seine Führung ergiebt sich aus nachstehendem Schema.

Lfde. No.	Geld-Sorte	Betrag		Verfall		Ausstellung				Einlösung			Bemerkungen
				Mon.	Tag	Mon.	Tag	an wen gegeben	Fol.	Mon.	Tag	Fol.	
				19 . .		19 . .							
1	M.	3200	—	Dez.	23	Nov.	24	Ad. Roy & Co., Hamburg . .	M. 3	Dez.	23	K. 6	
2	„	4442	30	„	20	Dez.	2	F. A. Schickler, Hier	„ 6	„	20	K. . .	
3	„	1275	45	Feb.	2	„	11	Vogel & Co., Bremen . .	„ . .				
4	„	3500	--	Mrz.	1	„	21	R. Zump Wwe., Bremen . .	„ . .				

Für jeden Artikel des Geschäfts wird ein Konto eingerichtet, auf dessen linke Seite die Eingänge, auf dessen rechte Seite die Ausgänge eingetragen werden; z. B.

Mandeln. Ausgang.

Monat	Tag	Name	Fol.	Kilo	Preis pro 100 kg	Betrag	
19..							
Nov.	9	Per Detail-Konto	M	53,5	175,—	93	60
„	13	„ Karl Goern, hier	M	50	190,—	95	—
„	21	„ Ad. Schultz, Kottb.	M	25	190,—	47	50
„	30	„ Bestand		95	165,—	156	75
				223,5		392	85

Das Effektenbuch oder Effekten-Skontro.

Es dient zum Nachweis über den Eingang und Ausgang von Wertpapieren, Aktien etc. und wird in ähnlicher Weise wie das Waren-Skontro geführt.

Das Wechsel-Kopierbuch.

In diesem Buche wird eine Abschrift der wesentlichen Punkte jedes eingegangenen Wechsels gemacht. Die Eintragungen erfolgen unter laufender Nummer. Letztere wird auf dem Wechsel vermerkt. Ausser dem Datum des Eingangs und dem Namen des Gebers wird das Vorbuch sowie dessen Seitenzahl notiert, in welchem der Geber für den Wechselbetrag entlastet (erkannt) ist. Wird ein Wechsel unsererseits in Zahlung gegeben, so wird das Datum des Ausgangs, der Name des Empfängers und das Vorbuch sowie dessen Seitenzahl angegeben, wo der Empfänger belastet ist. Bei Wechseln, deren Betrag wir am Verfalltage selbst einkassieren, wird an Stelle des Empfängers, der Vermerk „Inkasso“ gesetzt.

(Schema siehe Anhang III.)

Das Ladenkassabuch.

In dasselbe werden fortlaufend alle Einnahmen des Ladengeschäftes eingetragen; am Abend jeden Tages werden dieselben addiert und das Ergebnis mit der Tageseinnahme in der Ladenkasse verglichen. Beides muss übereinstimmen. In längeren oder kürzeren Zwischenräumen werden die Ladeneinnahmen dann an die Hauptkasse abgeführt.

Die Ladenkladde.

Es kommt in Ladengeschäften häufig vor, dass Kunden kleinere Beträge für entnommene Waren erst nach einigen Tagen oder Wochen bezahlen. Derartige Kunden werden in der Ladenkladde belastet, wie es für das Memorial erläutert ist. Zahlt der betreffende Kunde, so wird der Betrag in die Ladenkasse gelegt, im Ladenkassabuch als Einnahme gebucht und vor den entsprechenden Posten in der Ladenkladde der Vermerk „bezahlt am . . . “ gesetzt.

Die Inventur und der Bücherabschluss.

Gesetzlich ist die Inventur und Bilanz in jedem Jahr anzufertigen. (Vergl. § 39, Seite 1.) Der Inhaber nimmt aber nach unseren Aufgaben am 1. Dezember einen Teilhaber auf. Er stellt daher am 30. November eine Inventur und Bilanz auf, um zu ersehen, welches Rein-Vermögen er nunmehr besitzt. Zu diesem Zweck müssen die Bücher à jour, d. h. bis auf den Tag in Ordnung sein. Insbesondere gilt dies von dem Hauptbuch. Die Konten desselben werden abgeschlossen und die ev. Saldi vorgetragen. Ausgenommen bleiben vorläufig das Detail-Konto und das Konto des Inhabers R. Streber, deren Abschluss später erfolgt. Die Aktiva, d. h. die im Besitz des Inhabers befindlichen Vermögensbestandteile, werden in folgender Weise ermittelt.

Das Warenlager wird besonders aufgenommen und zu den Einkaufs- bezw. Marktpreisen, wenn letztere niedriger als erstere sind, berechnet.

Die Aussenstände (Debitoren) werden aus dem Hauptbuch ermittelt.

Die Wechsel sind zum Nennwerte eingestellt. Eine Zinsenkürzung für die Zeit vom Inventurtage bis zum Verfalltage wird nicht vorgenommen.

Die Effekten sind zum Tageskurs zuzüglich der aufgelaufenen Zinsen berechnet. Von dem Anschaffungswerte der Utensilien und des Gespannes wird eine, der einmonatlichen Abnutzung entsprechende Abschreibung gemacht.

Die Passiva, d. h. die Schulden des Geschäfts, ergeben sich aus dem Hauptbuch und dem Acceptbuch. Zu denselben rechnen wir auch das Kapital des Inhabers, wie solches am Inventurtage aus seinem Konto im Hauptbuch hervorgeht. Wir betrachten diese Summe als eine Schuld des Geschäfts an den Inhaber.

Das Verzeichnis der Aktiva und Passiva wird in das Inventur- und Bilanzbuch in der auf Seite 50 ersichtlichen Weise eingetragen.

Nach der Inventur beträgt der durch besondere Aufnahme ermittelte Wert der im Detailgeschäft vorhandenen Waren		ℳ 3722,50
Nach dem Konto im Hauptbuche hat das Detailgeschäft aber Waren empfangen im Werte von	ℳ. 7702,45	
und darauf Zahlungen geleistet im Betrage von	„ 4687,95	
Es müssten demnach nur noch Waren im Werte von		„ 3014,50
vorhanden sein. Der Unterschied von		ℳ 708,—

stellt den im Detailgeschäft erzielten Verdienst dar. Damit der Saldo im Hauptbuch mit dem wirklichen Werte des Detailgeschäftes übereinstimmt, schreiben wir folgenden Posten in das Memorial ein:

Detail-Konto Debt

Zwecks Uebereinstimmung mit der Inventur belaste ich dasselbe für den Verdienst pro November mit ℳ 708,—

Nach dessen Uebertragung in das Hauptbuch zeigt das Detail-Konto den erforderlichen Saldo von ℳ 3722,50, welcher nach Abschluss des Konto per 1. Dezember vorgetragen wird.

Die von uns gewählte Form der Inventuraufstellung ergiebt in der Bilanz den Reingewinn (Geschäftsertrag) für den November

Wird das Kapital des Inhabers nicht unter die Passiva aufgenommen, so stellt sich die Bilanz wie folgt:

Aktiva	ℳ 54 898,25
Passiva	„ 28 925,55
Mithin Rein-Vermögen am 30. November . .	ℳ 25 972,70

Um den Reingewinn zu ermitteln, wird alsdann folgende Berechnung gemacht:

Das Rein-Vermögen am 30. November beträgt .	ℳ 25 972,70
„ „ „ „ 1. „ betrug .	„ 25 000.—
Mithin hat sich dasselbe vermehrt um	ℳ 972,70
Der Privatverbrauch betrug	„ 390,—
sodass verdient sein müssen	ℳ 1 362,70

Anmerkung: Es ist im Geschäft streng zu unterscheiden zwischen Vermögensvergrösserung und Reingewinn. Erstere stellt nur den Unterschied zwischen Reingewinn und Privatverbrauch dar.

Um den Betrag des Reingewinnes hat sich buchmässig die Forderung des Inhabers an das Geschäft erhöht, derselbe wird daher durch die Memorial-Rechnung

Robert Streber, Inhaber. Credit
Reingewinn pro November ℳ 1362,70

dem Konto im Hauptbuche gutgeschrieben. Letzteres wird in bekannter Weise abgeschlossen, und der vorgetragene Creditsaldo muss mit dem Rein-Vermögen übereinstimmen.

Durch den am 1. Dezember erfolgenden Eintritt des Gustav Boldt als Teilhaber wird aus der bisherigen Einzelfirma eine offene Handelsgesellschaft.

Wir tragen daher in das Inventur- und Bilanzbuch ein:

Inventur am 1. Dezember 19 . .

	Robert Streber legt ein:				
	Aktiva				
	lt. Bilanz vom 30. November	54 898	25		
	Passiva				
	lt. Bilanz vom 30. November	28 925	55		
	mithin			25 972	70
	Gustav Boldt legt ein:				
	Aktiva				
	Bares Geld	30 000	—		
	ℳ 5000.— 4 % Provinzialanleihe[1]) à 106,75 . . .	5 337	50		
	+ Zinsen vom 1./7.—1./12	83	35		
	Summa der Aktiva	35 420	85		
	Passiva				
	keine				
	mithin			35 420	85

[1]) Die Wertpapiere in den Aufgaben sind fingierte.

Es ergiebt sich somit folgende

Eröffnungs-Bilanz vom 1. Dezember 19 . .

		Aktiva.		Passiva.	
Waren	im Werte von	16 900	85		
Debitoren	„ „ „	7 376	20		
Detailgeschäft	„ „ „	3 722	50		
Wechsel	„ „ „	4 113	75		
Kommissionsw.	„ „ „	4 000	—		
Reisekasse i. Händ. u. Reisenden		7	50		
Utensilien im Werte von		3 019	75		
Effekten „ „ „		16 904	20		
Gespann „ „ „		1 134	—		
Bares Geld		33 140	35		
Kreditoren in Höhe von				25 725	55
Accepte „ „ „				3 200	—
R. Streber's Kapital				25 972	70
Gustav Boldt's Kapital				35 420	85
		90 319	10	90 319	10

Berlin, den 1. Dezember 19 . .

R. Streber. Gustav Boldt.

Alsdann buchen wir unter dem 1. Dezember:
auf der Debetseite des Kassabuches, auf welcher der Bestand vom 30. November mit Mk. 3140,35 bereits vorgetragen ist:

An Gustav Boldt.

Bareinlage lt. Bilanz . . . . ℳ 30 000,—

im Memorial:

Gustav Boldt. Credit

Einlage desselben in Effekten lt. Bilanz . . ℳ 5420,85

An diese schliessen sich nunmehr die Buchungen über die Dezember-Geschäftsvorfälle.

Die Merkmale der einfachen Buchführung lassen sich dahin zusammenfassen:

Jeder Geschäftsvorgang wird nur einmal verbucht, d. h. es wird nur der Empfänger oder nur der Geber in der Buchung genannt.

Es werden im Hauptbuch derselben nur Konten für die Geschäftsfreunde und den Inhaber, dagegen keine Konten für die übrigen Vermögensteile geführt.

Der beim Abschluss sich ergebende Gewinn oder Verlust wird nicht im einzelnen, sondern nur summarisch nachgewiesen.

Die doppelte Buchführung.

Zur Beachtung! Bevor an die Erlernung der doppelten Buchführung gegangen wird, sind die Ausführungen zur einfachen Buchführung aufmerksam durchzugehen, da deren Kenntnis vorausgesetzt wird.

Im Gegensatz zu der einfachen findet in der doppelten Buchführung eine doppelte Verbuchung jedes Geschäftsvorfalles statt, derart, dass jedesmal

„der Empfänger (Debitor) und der Geber (Kreditor)"

in der Buchung angegeben wird.

Um dies zu ermöglichen, denken wir für jeden Teil des Geschäftsvermögens einen besonderen Verwalter eingesetzt, welcher Rechenschaft abzulegen hat über alles, was er empfangen und gegeben hat. Allgemein nennen wir einen derartigen Verwalter „Konto" und im besonderen den Verwalter für

Ware — Waren-Konto
Wechsel — Wechsel-Konto
Geld — Kassa-Konto

und verbuchen nun die Geschäftsvorfälle so, als ob sie durch die entsprechenden Verwalter oder Konten selbständig erledigt würden.

Wir unterscheiden innerhalb der Konten zwei Arten.

a) Personen- oder lebende Konten, das sind Konten, die wir für unsere Geschäftsfreunde einrichten;
b) Sach- oder tote Konten; das sind Konten, die wir für die verschiedenen Teile des Geschäftsvermögens einrichten. Hierzu gehören Waren-, Wechsel-, Kassa- etc. Konto.

Ein Konto wird belastet oder debitiert für alles, was es empfängt; es wird entlastet oder kreditiert für alles, was es giebt oder leistet.

Liefern wir z. B. an Karl Goern, hier, Ware, so ist Karl Goern der Empfänger (Debitor) und mithin zu belasten; der Verwalter der Ware, das Waren-Konto, ist der Geber (Kreditor) und mithin zu entlasten. Nach den Ausführungen Seite 4 wird die Belastung durch ein vorgesetztes „Per", die Entlastung durch ein vorgesetztes „An" bezeichnet. Danach ergiebt sich folgender „Ansatz":

Per Karl Goern, hier
An Waren-Konto

Merken wir uns als Grundregel,

„dass der Empfänger (Debitor)
stets auf der ersten Zeile steht",

so können wir die jedesmalige Wiederholung des „Per" sparen. Obiger Ansatz würde demnach lauten:

Karl Goern, hier (ergänze in Gedanken: schuldet)
An Waren-Konto.

Ausser den Sachkonten, welche die Wertveränderungen in den Beständen des Geschäftes nachweisen, giebt es einige, deren Zweck der Nachweis reiner Unkosten (Verluste) und Verdienste (Gewinne) ist. Hierzu gehören u. a.:

Handlungs-Unkosten-Konto,
Zinsen-Konto,
Provisions-Konto,
Agio-Konto.

Solche Konten werden belastet für die Unkosten oder Verluste, die sie verursachen, entlastet für alles, was sie einbringen bezw. verdienen.

Zahlen wir z. B. Gehälter an die Angestellten, so sind dies Unkosten, welche durch den Betrieb der Handlung verursacht werden, und welche das Kassa-Konto giebt. Wir haben mithin zu buchen:

Handlungs-Unkosten-Konto
An Kassa-Konto.

Vor Eintragung eines Geschäftsvorfalles haben wir uns stets folgende Fragen zu beantworten:

Wer empfängt oder wer verursacht Unkosten?
Wer ist mithin zu belasten?
Wer giebt oder wer verdient?
Wer ist mithin zu entlasten?

Wir unterscheiden unter den Büchern der doppelten Buchführung wiederum

notwendige Bücher und Neben- oder Hilfsbücher.

1. Notwendige Bücher.

(Siehe Erklärung unter einfache Buchführung.)

Hierzu rechnen wir:

a) das Inventur- und Bilanzbuch,
b) das Kassabuch (das reine Kassabuch),
c) das Waren-Verkaufsbuch oder die Kladde,
d) das Waren-Einkaufsbuch oder das Fakturenbuch,
e) das Memorial,
f) das Kontokorrentbuch,
g) das Journal, wenn ein solches geführt wird,
h) das Hauptbuch.

Die unter a bis e genannten wollen wir als **Vorbücher** bezeichnen.

Das Inventur- und Bilanzbuch.

(Vergleiche Erklärung Seite 4.)

Das Kassabuch.

Die Einrichtung und der Zweck desselben sind die gleichen wie bei dem Kassabuch der einfachen Buchführung. (Vergleiche Seite 5.) Hinsichtlich der Eintragungen merken wir dagegen:

Personen- oder Zielposten beginnen stets mit dem Namen des Geschäftsfreundes,

Sach- oder Bar-Posten stets mit dem Namen des in Betracht kommenden toten Konto. (Siehe Schema Seite 20/21.)

Der Abschluss des Kassenbuches erfolgt in der gleichen Weise wie bei der einfachen Buchführung.

Das Memorial.

Es dient zur Verbuchung aller nicht in dem Kassabuch, der Kladde oder dem Fakturenbuch unterzubringenden Posten. Solche sind: Ein- und Ausgang von Wechseln, Ausgabe eigener Accepte, Abzüge, Skonti, Retouren sowie alle Posten, bei denen nur Sach-Konten in Betracht kommen.

Probebuchung im Memorial.

November 19 . . .

		Detail-Konto					
		An Waren-Konto					
	1	Ich überweise dem ersteren:					
		130 kg Mokkakaffee	2,55	331	50		
		125 „ Campinaskaffee	2,05	256	25		
		250 „ Guatemalakaffee	2,20	550	—		
		250 „ Javakaffee	2,30	575	—		
		500 „ Melis	0,52	260	—		
		500 „ Raffinade II	0,56	280	—		
		225 „ „ I	0,59	132	75	2 385	50
		Waren-Konto					
K. K. 9		An B. Sauer & Sohn, hier					
	6	Letztere sandten zurück:					
		100 kg Melis		54	—		
		5 „ Pecco-Thee	9,—	45	—	99	—

Das Konto-Korrent-Buch.

Es entspricht hinsichtlich seiner Einrichtung und Führung dem Hauptbuch der einfachen Buchführung (vergleiche dort); dagegen enthält es kein Konto für den Geschäfts-Inhaber, sondern nur Personen-Konten für die Kunden und Lieferanten. Für die Uebertragung in dasselbe kommen somit in Betracht:

1) alle Posten aus der Kladde und dem Fakturenbuch,
2) Die Personenposten aus dem Kassabuch,
3) diejenigen Posten des Memorials, welche den Namen eines Geschäftsfreundes enthalten.

Der Uebertragungsvermerk in der Monatsrubrik der Vorbücher ist: K.K. . . . mit nachfolgendem Konto-Korrentbuch-Folio.

An Stelle des Konto-Korrent-Buches wird vielfach ein Debitoren-Buch für die Kunden und ein Kreditoren-Buch für die Lieferanten geführt.

Für das Konto-Korrent-Buch gilt dasselbe wie für das Hauptbuch der einfachen Buchführung.

Selbständige Buchungen im Konto-Korrent-Buche sind unter allen Umständen zu unterlassen; jede Eintragung ist vielmehr einem Vorbuch zu entnehmen.

Das Waren-Verkaufsbuch oder die Kladde.

In dieses Buch tragen wir alle gegen Ziel gemachten Warenverkäufe an unsere Kundschaft ein. Für jede Buchung ist demnach der Empfänger (Debitor) ein Kunde, der Geber (Kreditor) stets das Waren-Konto. Die Empfänger wechseln, der Geber dagegen nicht; deshalb sparen wir bei den Posten die jedesmalige Wiederholung des Waren-Konto und eröffnen jeden Monat mit der Buchung:

Folgende (ergänze „schulden")
An Waren-Konto

und nennen in den Buchungen nur noch den Empfänger (Kunden).

Einrichtung und Probebuchung der Kladde.

November 19 . . 1.

		Folgende **An Waren-Konto**					
K K. 9		**J. Eulner, Frankfurt a. O.**					
	2	p. Spediteur Henze, hier:					
		125 kg Mokkakaffee %₀ kg	285	356	25		
		235 „ Javakaffee „ „	275	646	25		
		125 „ Guatemalakaffee „ „	240	300	—		
		530 „ Melis „ „	54	286	20		
		165 „ Karolinareis „ „	58	95	70		
		Verpackung		12	50	1696	90
		Ziel 30 Tage mit 2% Skonto.					

Probebuchung

1. November

Debt Kassa-

	1	**An Kapital-Konto**					
		Einlage von R. Streber				25000	—
	4	„ **Detail-Konto**					
		Losg. lt. Laden-Kassab.				455	25
	7	„ **Waren-Konto**					
		verkaufte a. W. Schüll hier, 980 kg Karolinareis %₀ kg	58,—	568	40		
		∸ 4% Skonto		22	75	545	65
		. . . .					
K. K. 9	14	„ **J. Eulner, Frankfurt a. O.**					
		Barzahlung				1658	—

Das Waren-Einkaufsbuch oder Fakturenbuch.

Es dient zur Verbuchung der Waren-Einkäufe, die wir bei unseren Lieferanten gegen Ziel machen. Der stets gleiche Empfänger (Debitor) ist das Waren-Konto, die wechselnden Geber (Kreditoren) sind die Lieferanten. Wir eröffnen jeden Monat also hier mit der umgekehrten Buchung, wie in der Kladde, nämlich:

Waren-Konto (ergänze „schuldet")
An Folgende

und nennen in den Buchungen nur noch den Geber (Lieferanten).

Einrichtung und Probebuchung des Fakturenbuches.

November 19 . . 1.

		Waren-Konto **An Folgende**				
K. K. 1		**An Ad. Roy & C., Hamburg**				
	1	p. Bahn franko:				
		800 kg Mokkakaffee %kg	237,50	1 900 —		
		1000 „ Javakaffee „	232,50	2 325 —		
		1000 „ Guatemalakaffee „	205,—	2 050 —		
		750 „ Campinaskaffee „	196,—	1 470 —	7 745	—
		Ziel 3 Monat mit 2% Skonto.				

im Kassabuch.

19 . . 1.

Konto. Credit

2	**Per Utensilien-Konto**				
	Laden- u. Kontor-Einrichtung lt. Lieferanten-Rechnung			3 050	25
	„ **Handlungs-Unk.-Konto**				
	lt. Rechng. von G. Kless, hier			201	75
	„ **Detail-Konto**				
	für div. Bareinkäufe			1 218	75
	„ **Waren-Konto**				
	für Fracht v. Bremen			131	35

Das Reine

Es dient zur Kontrolle des Kassa-Buches und ist eine nach
bei den Zielposten stehenden Namen tritt im reinen-Kassa-Buch der

1. November

Debt Kassa-

	An Kapital-Konto				
1	K.B.[1]) ×			25 000	—
	„ Waren-Konto				
4	K.B. ×	796	80		
7	„ ×	545	65		
13	„ ×	1200	—		
17	„ ×	15	—	2 557	45
	„ Detail-Konto				
4	K.B. ×	455	25		
11	„ ×	895	30		
18	„ ×	1075	—		
25	„ ×	1286	75		
30	„ ×××	975	65	4 687	95
	„ Zinsen-Konto				
9	K.B. ×			30	40
	„ Konto-Korrent-Konto				
14	K.B. ×	1658	—		
23	„ ×	105	20		
30	„ ×	4500	—	6 263	20
	„ Provisions-Konto				
23	K.B. ×	12	50		
27	„ ×	1	70	14	20
	„ Wechsel-Konto				
24	K.B. ×	508	75		
27	„ ×	500	—		
30	„ ×	187	—	1 195	75
				39 748	95

[1]) Mit nachfolgendem Folio des Kassabuches.

Kassa-Buch.

Konten geordnete Abschrift des letzteren. Für die im Kassa-Buch Stellvertreter für alle Personen-Konten, das Konto-Korrent-Konto.

19 . . 1.

Konto Credit

	Per Utensilien-Konto					
2	K.B. ×				3 050	25
	„ Handl.-Unk.-Konto					
2	K.B. ×		201	75		
8	„ ×		72	—		
10	„ ×		159	—		
30	„ ×		882	40	1 315	15
	„ Detail-Konto					
2	K.B. ×		1218	75		
4	„ ×		535	45		
9	„ ×		317	25	2 071	45
	„ Waren-Konto					
2	K.B. ×		131	35		
3/29	u. s. w.		....		8 216	10
	„ Privat-Konto					
3	K.B. ×		300	—		
30	„ ×		90	—	390	—
9	„ Effekten-Konto				11 455	85
9/27	„ Wechsel-Konto				4 036	15
10/30	„ Gespann-Konto				1 437	—
13	„ Reise-Konto				200	—
13	„ Speditions-Konto				77	25
24	„ Zinsen-Konto				4	30
30	„ Konto-Korrent-Konto				4 336	75
30	„ Kassa-Differenz-Konto				18	35
30	„ Bestand				3 140	35
					39 748	95

Das Hauptbuch.

Es enthält das gesamte Rechnungswesen und stellt das Geschäft in seinen aktiven und passiven Vermögensteilen dar. Für jeden dieser Teile wird ein Konto eingerichtet. Es enthält demnach nur Sach- oder tote Konten. Alle in den Vorbüchern enthaltenen Posten werden in das Hauptbuch übertragen und zwar doppelt; d. h. jeder Posten muss im Hauptbuch einem Konto belastet (debitiert) und einem anderen Konto entlastet (kreditiert) werden. An die Stelle der Personen-Konten in den Vorbüchern tritt im Hauptbuch wieder deren Ersatz-Konto, das Konto-Korrent-Konto.

Werden die einzelnen Posten der Vorbücher direkt in das Hauptbuch übertragen, so entstehen in diesem sehr umfangreiche Konten. Will man solche vermeiden, so bedient man sich noch eines Vorbuches für das Hauptbuch, des Journals.

Für das Hauptbuch gilt gleichfalls die Vorschrift,

> **jede Eintragung einem Vorbuche zu entnehmen; selbständige Buchungen strengstens zu vermeiden.**

Das Journal.

In dasselbe werden die in den Vorbüchern Kassabuch, Kladde, Fakturenbuch und Memorial enthaltenen Posten, nach gleichen Debitoren und Kreditoren geordnet, eingetragen.

Für die Kassabuchposten ist diese Ordnung bereits durch das reine Kassabuch geschehen.

Zur Erleichterung der Journalisierung der übrigen Vorbücherposten empfiehlt sich nebenstehendes Vorregister.

Vorn links werden alle im Geschäft geführten Sachkonten aufgeführt, in der Ueberschrift nur die am häufigsten auftretenden wie Konto-Korrent-Konto, Waren-Konto etc. Für die linke Abteilung des Registers sind die Konten der Ueberschrift Debitoren, die vornstehenden die dazugehörigen Kreditoren; für die rechte Seite sind die vorderen Konten Debitoren und die obenstehenden Kreditoren.

Angenommen, wir hätten einen auf Seite 5 des Memorials stehenden Posten

Ad. Braun
An Provisions-Konto

zu registrieren, so hätten wir in das mit einem grossen × bezeichnete Feld den Vermerk M. 5. zu setzen; hiesse der Ansatz dagegen

Provisions-Konto
An Ad. Braun

so wäre der Vermerk M. 5 in das mit einem + bezeichnete Feld zu setzen.

Aus nebenstehendem Register, welchem die Novemberbuchungen zu Grunde gelegt sind, ist zu ersehen, dass zu dem Debitor Konto-

Vorregister zum Journal.

	Konto-Korrent-Konto	Waren-Konto	Handlungs-Unkosten-Konto	An	
	An			Konto-Korrent-Konto	Waren-Konto
Konto-Korrent-Konto	M. ×				
Waren-Konto	Kl. 1/5 M. ××			F. 1/4 M. ×××××	
Detail-Konto					M. ××××××
Wechsel-Konto	M. ×			M. ×××	
Speditions-Konto	M. ×				
Zinsen-Konto	M. ×			M. ×	
Accepten-Konto	M. ×				
Kommissions-Konto				M. ×	
Agio-Konto	M. ×				
Handl. Unk.-Konto					
Reise-Konto			M. ×		
Utensilien-Konto					
Privat-Konto					
Effekten-Konto					
Gespann-Konto					
Provisions-Konto	×			+	

Die × bezeichnen das Memorialfolio.

Korrent-Konto (oben) sieben Kreditoren (vorn) vorhanden sind, da 7 Felder Registervermerke tragen. Zu dem Debitor Handlungsunkosten-Konto (oben) ist das Reise-Konto (vorn) als Kreditor vorhanden. Ferner ist zu ersehen, dass zu dem Kreditor Konto-Korrent-Konto (oben) 4 Debitoren (vorn) und zu dem Kreditor Waren-Konto (oben) der Debitor Detail-Konto (vorn) da sind.

Mit Hülfe dieses Registers und des reinen Kassabuches journalisieren wir nun wie folgt:

November 19 . . .

H. B. 1	Konto-Korrent-Konto				
	An 7 Kreditoren				
H. B. 1	An Konto-Korrent-Konto				
	M. ×			1 000	—
H. B. 1	An Waren-Konto				
	Kl. 1/5	12 525	10		
	M. ×	21	25		
	M. ×	154	90	12 701	25
	An Wechsel-Konto				
	M. ×			1 036	15
	An Speditions-Konto				
	M. ×			105	20
	An Zinsen-Konto				
	M. ×			53	35
	An Accepten-Konto				
	M. ×			3 200	—
	An Agio-Konto				
	M. ×			—	85
				18 096	80

	4 Debitoren				
HB. 1	An Konto-Korrent-Konto				
HB. 1	Waren-Konto				
	F. 1/4	27 028	80		
	M. ×	99	—		
	M. ×	15	—		
	M. ×	33	90		
	M. ×	14	75		
	M. ×	13	75	27 205	20
	Wechsel-Konto				
	M. ×	508	75		
	M. ×	1 080	—		
	M. ×	720	75	2 309	50
	Zinsen-Konto				
	M. ×			5	—
	Kommissions-Konto				
	M. ×			4 000	—
				33 519	70

Handlungs-Unkosten-Konto				
An Reise-Konto				
M. ×			192	50
Detail-Konto				
An Waren-Konto				
M. ×	2 385	50		
M. ×	87	15		
M. ×	456	—		
M. ×	214	10		
M. ×	123	50		
M. ×	2 364	75	5 631	—
Kassa-Konto				
An 7 Kreditoren				
An Kapital-Konto	25 000	—		
„ **Waren-Konto**	2 557	45		
„ **Detail-Konto**	4 687	95		
„ **Zinsen-Konto**	30	40		
„ **Konto-Korrent-Konto**	6 263	20		
„ **Provisions-Konto**	14	20		
„ **Wechsel-Konto**	1 195	75	39 748	95
13 Debitoren				
An Kassa-Konto				
Utensilien-Konto	3 050	25		
u. s. w.				
„ „ „				
			36 608	60

Soll ein reines Kassabuch nicht geführt werden, so können die Kassabuchposten auch direkt in das Journal eingetragen werden. Die Aufstellung geschieht in gleicher Weise, wie im reinen Kassabuch, nur bleiben die Kassenbestände fort.

Die Journalposten werden alsdann in das Hauptbuch übertragen. Die Art und Weise sollen nachstehende 3 Konten zeigen.

Probe-Buchungen im Haupt-Buch.

1. Konto-Korrent-Konto. 1

Monat	Tag		Fol.	Debt		Monat	Tag		Fol.	Credt	
19 . . Novb.		An 7 Krediteren	J. 1	18 096	80	19 . . Novb.		Per Konto-Korrent-Konto „ 4 Debiteren	J. 1 J.1/2	1 000 33 519	— 70

1. Waren-Konto. 1.

Monat	Tag		Fol.	Debt		Monat	Tag		Fol.	Credt	
19 . . Novb.		An Konto-Korrent-Konto	J. 1	27 205	20	19 . . Novb.		Per Konto-Korrent-Konto „ Detail-Konto	J. 1 „ 2	12 701 5 631	25 —

2. Detail-Konto. 2.

Monat	Tag		Fol.	Debt		Monat	Tag		Fol.	Credt	
19 . . Novb.		An Waren-Konto	J. 1	5 631	—						

Register zum Hauptbuch der doppelten Buchführung.

Namen der Konten	Fol.	Fol.	Fol.	Fol.
Accepten-Konto	4			
Agio-Konto	5			
Detail-Konto	2			
Effekten-Konto	8			
Gespann-Konto	9			
Gewinn- und Verlust-Konto	10			
Handlungs-Unkosten-Konto	5			
Haus-Konto	12			
Haus-Ertrags-Konto	14			
Hypotheken-Konto	13			
Kapital-Konto G. Boldt	11			
„ R. Streber	6			
Kassa-Konto	10			
Kassa-Differenz-Konto	9			
Konto-Korrent-Konto	1	11		
Konto Dubio	12			
Kommissions-Konto	4			
Privat-Konto G. Boldt	13			
„ R. Streber	8			
Provisions-Konto	7			
Reise-Konto	6			
Speditions-Konto	3			
Utensilien-Konto	7			
Waren-Konto	1			
Wechsel-Konto	2			
Zinsen-Konto	3			

Um festzustellen, ob beim Uebertragen in das Hauptbuch kein Fehler gemacht ist, addieren wir auf jedem Konto des letzteren die Monatsbeträge mit Bleistift und stellen diese Additionssummen zusammen in der

Roh- oder Monatsbilanz.

Rohbilanz pro November 19 . .

H.B. Fol.		*Debet.*		*Credit.*	
1	Konto-Korrent-Konto	22 433	55	40 782	90
„	Waren-Konto	35 421	30	20 889	70
2	Detail-Konto	7 702	45	4 687	95
„	Wechsel-Konto	6 345	65	2 231	90
3	Speditions-Konto	77	25	105	20
„	Zinsen-Konto	9	30	83	75
4	Accepten-Konto			3 200	—
„	Kommissions-Konto	4 000	—		
5	Agio-Konto			—	85
„	Handl.-Unkosten-Konto	1 507	65		
6	Reise-Konto	200	—	192	50
„	Kapital-Konto			25 000	—
7	Provisions-Konto			14	20
„	Utensilien-Konto	3 050	25		
8	Privat-Konto	390	—		
„	Effekten-Konto	11 455	85		
9	Gespann-Konto	1 437	—		
„	Kassa-Differenz-Konto	18	35		
10	Kassa-Konto	39 748	95	36 608	60
		133 797	55	133 797	55

Im Hauptbuch wurde jedesmal der gleiche Betrag debitiert und kreditiert, demzufolge müssen auch die Endsummen aller Debet- und Creditseiten übereinstimmen. Das ist **eine** Probe auf die Richtigkeit der erfolgten Eintragungen. Das Konto-Korrent-Konto vertritt im Hauptbuch die Personen-Konten in ihrer Gesamtheit. Die auf letztere bezug habenden Posten der Vorbücher wurden einmal in das Konto-Korrent-Buch, ein zweites mal auf das Konto-Korrent-Konto des Hauptbuches übertragen. Der Saldo des letzteren muss daher mit dem Ergebnis des ersteren übereinstimmen.

Der Credit-Saldo des Konto-Korrent-Konto beträgt
am 30./11 ℳ 18 349,35

Laut Konto-Korrent-Buch sind am 30./11. vorhanden:

Kreditoren zum Betrage von ℳ 25 725,55
Debitoren „ „ „ „ 7 376,20
Demnach mehr Kreditoren: wie oben . . . . . ℳ 18 349,35

Das ist die **zweite** Richtigkeitsprobe.

Die **dritte Probe** soll uns die Gewissheit geben, dass auch alle Posten der Vorbücher in das Hauptbuch übertragen wurden.

Addieren wir nämlich:

	pro November
Kassa-Debetposten excl. Bestand	ℳ 39 748.95
Kassa-Creditposten „ „	„ 36 608.60
Memorialposten	„ 17 886.10
Kladdeposten	„ 12 525.10
Fakturenbuchposten	„ 27 028.80
so muss die Additionssumme	ℳ 133 797.55

gleich sein der Endsumme in der Rohbilanz.

Hinsichtlich der Eintragungen in die Bücher merken wir:

Täglich zu verbuchen sind die Geschäftsvorfälle in

Kassabuch,
Memorial,
Kladde und
Fakturenbuch.

Täglich, wöchentlich oder monatlich sind deren Posten in das Konto-Korrentbuch zu übertragen.

Monatlich anzufertigen sind:

Kassabuch-Abschluss
Reine Kassabuch
Journal
Hauptbuchübertragungen
Roh- oder Monatsbilanz.

Monatlich, viertel- oder halbjährlich, mindestens aber jährlich sind die Konti im Konto-Korrentbuch abzuschliessen.

Das Hauptbuch wird nur nach vorangegangener Inventur abgeschlossen.

2. Nebenbücher.

Sie sind mit denen der einfachen Buchführung übereinstimmend, und das Nähere ist dort zu ersehen.

Die Gewinn- und Verlust-Ermittelung und der Bücher-Abschluss.

Die zum Zwecke der Ermittelung des Geschäftsergebnisses (Gewinnes) aufzustellende Inventur wird nach den gleichen Grundsätzen angefertigt, wie bei der einfachen Buchführung (vergl. dort). Die Unterlagen dazu ermitteln wir teils durch besondere Aufnahme, teils entnehmen wir dieselben dem Hauptbuch und dem Konto-Korrent-Buch.

Das Privat-Konto wird vorher durch die Buchung

Kapital-Konto
An Privat-Konto
Uebertrag von letzterem
auf ersteres . . . . ℳ 390.—

ausgeglichen; dadurch ermässigt sich die Forderung des Inhabers an das Geschäft um den Betrag des Privatverbrauches.

Nach Aufstellung der Inventur ermitteln wir die Saldi der Konten des Hauptbuches und tragen dieselben in die Rubrik 1 des nachstehenden Abschlussbogens ein (Saldo-Bilanz). In die Rubrik 2 desselben schreiben wir die Endbeträge der Vermögensteile ein, wie solche die Inventur ergiebt. Rubrik 1 zeigt also bei denjenigen Konten, welche in der Inventur auftreten, den jedesmaligen Sollbetrag, Rubrik 2 den jedesmaligen Istbetrag an. Aus der Vergleichung der bezüglichen Summen beider Rubriken ermitteln wir mit Leichtigkeit, ob und mit welchem Verlust oder Gewinn das Konto (der Verwalter) gearbeitet hat.

Diejenigen Konten, welche in Rubrik 2 mit einem Betrage nicht auftreten, zeigen in Rubrik 1

den Verlust an, wenn sie einen Debetsaldo aufweisen, weil sie in diesem Fall so viel mehr gekostet als eingebracht haben,

den Gewinn an, wenn sie einen Creditsaldo aufweisen, weil sie dann soviel mehr eingebracht als gekostet haben.

Das Ergebnis notieren wir in Rubrik 3.

Konto-Korrent-Konto

zeigt lt. Hauptbuch einen Creditsaldo von . . . . . ℳ 18 349.35

lt. Inventur sind Kreditoren ℳ 25 725.55
Debitoren „ 7 376.20

mithin mehr Kreditoren als Debitoren vorhanden im Betrage von . . . . ℳ 18 349.35

Stimmen die Summen nicht überein, so liegt ein Uebertragungsfehler vor, welcher durch Vergleichen aller in Betracht kommenden Posten und Nachprüfen der Additionen aufgesucht und berichtigt werden muss. Diese Feststellung ist eine der wichtigsten bei den Abschlussarbeiten.

Waren-Konto

lt. Inventur ist ein Bestand vorhanden von ℳ 16 900.85
lt. Hauptbuch soll ein Bestand von „ 14 531.60

mithin ist ein Mehrbestand im Betrage von . . . . . ℳ 2 369.25
oder ein Gewinn in dieser Höhe zu verzeichnen.

Detail-Konto

lt. Inventur ist ein Bestand von . . . . . ℳ 3 722.50
lt. Hauptbuch soll ein Bestand von . . . „ 3 014.50

sein, es ergiebt sich mithin ein Gewinn von . . . . ℳ 708.—

Wechsel-Konto

Der Bestand lt. Inventur stimmt mit dem Sollbestand lt. Hauptbuch, wie erforderlich, überein, weil wir die Wechsel in Ein- und Ausgang stets zum Nennwerte verbucht haben. Kursdifferenzen wurden auf Agio-Konto, Diskont auf Zinsen-Konto verbucht.

Speditions-Konto

tritt in der Inventur nicht auf; der Creditsaldo des Hauptbuches stellt somit dar einen Gewinn von . . . . ℳ 27.95

Zinsen-Konto

tritt in der Inventur nicht auf; der Creditsaldo des Hauptbuches besagt, dass für Zinsen mehr vereinnahmt als verausgabt, oder ein Gewinn von . . . . ℳ 74.45 erzielt wurde.

Accepten-Konto

Inventur- und Hauptbuchergebnis stimmen, wie erforderlich, überein. Weicht es von einander ab, so liegt ein Fehler vor, welcher ermittelt werden muss.

Kommissions-Konto
lt. Inventur ist Kommissionsware vorhanden im Betrage von ℳ 4 000.— lt. Hauptbuch soll solche im gleichen Betrage vorhanden sein; mithin ergiebt sich weder Gewinn noch Verlust.

Agio-Konto
tritt in der Inventur nicht auf; der Creditsaldo des Hauptbuches von . . . . ℳ —.85
stellt den Gewinn dar.

Handl.-Unkosten-Konto
der Debetsaldo lt. Hauptbuch von . . . . ℳ 1 507.65
zeigt den Verlust an.

Reise-Konto
lt. Inventur ist unser Reisender noch im Besitz von ℳ 7,50 Reisekasse, lt. Hauptbuch soll dies der Fall sein, mithin weder Gewinn noch Verlust.

Kapital-Konto
muss in Inventur und Hauptbuch übereinstimmen, weil der dasselbe beeinflussende Gewinn oder Verlust erst festgestellt wird und noch nicht verbucht ist.

Provisions-Konto
sein Creditsaldo lt. Hauptbuch ergiebt den Gewinn an Provisionen von . . . . ℳ 14.20

Utensilien-Konto

lt. Hauptbuch sollen Utensilien für . . .	ℳ	3 050.25
vorhanden sein; lt. Inventur sind nur da für	„	3 019.75
mithin ist zu verzeichnen ein Verlust von	ℳ	30.50

welcher der gemachten Abschreibung entspricht.

Effekten-Konto

weist lt. Inventur einen Istwert von . . .	ℳ	11 483.35
lt. Hauptbuch einen Sollwert von .	„	11 455.85
oder einen Gewinn auf von	ℳ	27.50

Gespann-Konto

lt. Hauptbuch ein Sollbestand von	ℳ	1 437.—
lt. Inventur „ Istbestand „	„	1 134.—
ergiebt einen Verlust von	ℳ	303.—

welcher durch Unterhalt und Abschreibungen entstanden ist.

Kassa-Differenz-Konto
Der Debetsaldo des Hauptbuches von . . ℳ 18.35
stellt den Verlust dar.

Kassa-Konto
mnss in Inventur und Hauptbuch übereinstimmen, da event. Differenzen bereits bei den monatlichenKassenabschlüssenberücksichtigt und auf Kassa-Differenz-Konto gebracht wurden; mithin auf letzterem zur Feststellung gelangen.

Abschlussbogen.

Gewinn- und Verlust-Ermittelung am 30. November 19 . .

Hauptbuch Folio		1. Saldo-Bilanz vom 30. November 19 . .				2. Inventur vom 30. November 19 . .				3. Ergebnis der Vergleichung der Rubriken 2 und 1.			
		Debet		Credit		Aktiva		Passiva		Verlust		Gewinn	
1	Konto-Korrent-Konto			18 349	35	7 376	20	25 725	55				
„	Waren-Konto	14 531	60			16 900	85					2 369	25
2	Detail-Konto.	3 014	50			3 722	50					708	—
„	Wechsel-Konto.	4 113	75			4 113	75						
3	Speditions-Konto			27	95							27	95
„	Zinsen-Konto			74	45							74	45
4	Accepten-Konto			3 200	—			3 200	—				
„	Kommissions-Konto	4 000	—			4 000	—						
5	Agio-Konto			—	85							—	85
„	Handl.-Unkosten-Konto . .	1 507	65							1 507	65		
6	Reise-Konto	7	50			7	50						
„	Kapital-Konto			24 610	—			24 610	—				
7	Provisions-Konto			14	20							14	20
„	Utensilien-Konto	3 050	25			3 019	75			30	50		
8	Privat-Konto.	—	—	—	—								
„	Effekten-Konto	11 455	85			11 483	35					27	50
9	Gespann-Konto	1 437	—			1 134	—			303	—		
„	Kassa-Differenz-Konto . . .	18	35							18	35		
10	Kassa-Konto	3 140	35			3 140	35						
		46 276	80	46 276	80	54 898	25	53 535	55	1 859	50	3 222	20
						53 535	55					1 859	50
				Reingewinn lt. Inventur:		1 362	70			Reingewinn lt. Hauptbuch:		1 362	70

Aus der Rubrik 3 ist ersichtlich, dass von dem

Bruttogewinn von	ℳ 3 222.20
die Unkosten, Verluste und Abschreibungen von	„ 1 859.50
in Abzug zu bringen sind, um den Reingewinn von	ℳ 1 362.70

zu bekommen, welcher mit dem Inventurergebnis übereinstimmen muss.

Wie aus obigen Ausführungen hervorgeht, befinden sich die Saldi der Konten des Hauptbuches nicht in allen Fällen mit den wirklichen, in der Inventur enthaltenen Werten in Uebereinstimmung. Um diese herzustellen, müssen wir diejenigen Konten, welche Verluste ergeben haben, für die Verluste kreditieren; diejenigen Konten, welche Gewinne erzielt haben, für die Gewinne belasten. Hierzu bedienen wir uns der Hilfe des Gewinn- und Verlust-Konto, welches für die Verluste zu debitieren, für die Gewinne zu kreditieren ist.

Wir buchen daher im Journal:

Gewinn- und Verlust-Konto		
An 4 Kreditoren		
An Handl.-Unkosten-Konto	ℳ 1 507.65	
„ Utensilien-Konto	„ 30.50	
„ Gespann-Konto	„ 303.—	
„ Kassa-Differenz-Konto	„ 18.35	ℳ 1 859.50
und		
7 Debitoren		
An Gewinn- und Verlust-Konto		
Waren-Konto	ℳ 2 369.25	
Detail-Konto	„ 708.—	
Speditions-Konto	„ 27.95	
Zinsen-Konto	„ 74.45	
Agio-Konto	„ —.85	
Provisions-Konto	„ 14.20	
Effekten-Konto	„ 27.50	ℳ 3 222.20

Beide Buchungen sind in das Hauptbuch zu übertragen.

Gewinn und Verlust des Geschäftes trägt der Inhaber. Es wäre daher auch zulässig, wenn nur ein Inhaber vorhanden, die Gewinne und Verluste direkt über Kapital-Konto zu verbuchen. Dieses Verfahren würde aber Schwierigkeiten und Umständlichkeiten bieten, wenn zwei oder noch mehr Inhaber da sind, weil dann jeder einzelne Verlust und Gewinn in so viele Teile, als Inhaber vorhanden, zerlegt und verbucht werden müsste. Es empfiehlt sich, auch bei nur einem Inhaber ein Gewinn- und Verlust-Konto zu führen, weil die Uebersicht auf dem Kapital-Konto eine leichtere ist.

Der Reingewinn, welcher durch den Creditsaldo des Gewinn- und Verlust-Konto dargestellt wird, ist durch die Journalbuchung

Gewinn- und Verlust-Konto
An Kapital-Konto
Reingewinn pro November ℳ 1 362.70

auf das Kapital-Konto zu übertragen.

Hierdurch wird das Gewinn- und Verlust-Konto ausgeglichen

Das Kapital-Konto zeigt sodann

im Credit die ursprüngliche Einlage	von	ℳ 25 000.—
ferner den Reingewinn	„	„ 1 362.70
		ℳ 26 362.70
im Debet den Privatverbrauch	„	„ 390.—
in seinem Creditsaldo	„	ℳ 25 972 70

mithin den jetzigen Stand des Rein-Vermögens. (Die Forderung des Inhabers an das Geschäft.)

Würde sich nun Gelegenheit bieten, die Aktiva zu Inventurpreisen zu verkaufen und das dafür erlöste Geld zur Bezahlung der Schulden des Geschäfts und zur Auszahlung des Rein-Vermögens des Inhabers zu verwenden, so würde von dem Geschäft nichts übrig bleiben; dasselbe wäre aufgelöst. Es müssten sich in diesem Falle auch alle Konten des Hauptbuches, welche das Geschäft in seinen einzelnen Vermögensteilen darstellen, ausgleichen bezw. abschliessen lassen. Um diese Probe zu machen, denken wir uns in dem Bilanz-Konto einen solchen Käufer, welcher die vorhandenen Aktiva übernimmt, sowie die Passiva bezahlt.

Dadurch entstehen zwei Journalbuchungen.

Bilanz-Konto
An 10 Kreditoren
Behufs Abschlusses der Konten:

An Konto-Korrent-Konto	ℳ 7 376.20	
„ Waren-Konto	„ 16 900.85	
„ Detail-Konto	„ 3 722.50	
„ Wechsel-Konto	„ 4 113.75	
„ Kommissions-Konto	„ 4 000.—	
„ Reise-Konto	„ 7.50	
„ Utensilien-Konto	„ 3 019.75	
„ Effekten-Konto	„ 11 483.35	
„ Gespann-Konto	„ 1 134.—	
„ Kassa-Konto	„ 3 140.35	ℳ 54 898.25

und

3 Debitoren
An Bilanz-Konto
Behufs Abschlusses der Konten:

Konto-Korrent-Konto	ℳ 25 725.55	
Accepten-Konto	„ 3 200.—	
Kapital-Konto	„ 25 972.70	ℳ 54 898.25

Nach Uebertragung derselben in das Hauptbuch werden die Konten des letzteren abgeschlossen.

Alle in diesem Abschnitt bisher behandelten Buchungen geschehen unter dem letzten Tage der alten Geschäftsperiode. Als erste Journalbuchung in der neuen Geschäftsperiode wären obige zwei Buchungen in umgekehrter Form zu machen;

die Aktiv-Konten zu belasten und Bilanz-Konto zu entlasten,
die Passiv-Konten zu entlasten und Bilanz-Konto zu belasten.

Durch den Eintritt von Gustav Bold als Teilhaber ändern sich aber die Vermögensbestandteile der nunmehrigen offenen Handelsgesellschaft, und wir eröffnen die Konten im Hauptbuch auf Grund der neu aufgestellten Eröffnungs-Bilanz vom 1. Dezember (siehe Seite 16) durch folgende Journalbuchungen:

10 Debitoren
An Bilanz-Konto
Behufs Eröffnung der Konten:

Waren-Konto	ℳ 16900.85	
Konto-Korrent-Konto	„ 7376.20	
Detail-Konto	„ 3722.50	
Wechsel-Konto	„ 4113.75	
Kommissions-Konto	„ 4000.—	
Reise-Konto	„ 7.50	
Utensilien-Konto	„ 3019.75	
Effekten-Konto	„ 16904.20	
Gespann-Konto	„ 1134.—	
Kassa-Konto	„ 33140.35	ℳ 90319.10

und

Bilanz-Konto
An 4 Kreditoren
Behufs Eröffnung der Konten:

Konto-Korrent-Konto	ℳ 25725.55	
Accepten-Konto	„ 3200.—	
Kapital-Konto R. Streber	„ 25972.70	
Kapital-Konto Gustav Boldt	„ 35420.85	ℳ 90319.10

Die wesentlichen Merkmale der doppelten Buchführung können wie folgt zusammengefasst werden:

Jeder Geschäftsvorgang wird doppelt verbucht, d. h. in der Buchung wird sowohl der Empfänger als auch der Geber bezeichnet.

Ausser den Konten für die Geschäftsfreunde werden auch solche für die übrigen Vermögensbestandteile geführt.

Der Abschluss weist den Gewinn oder Verlust nicht nur summarisch nach, sondern zeigt auch, welche Vermögensbestandteile und in welcher Höhe zu der Entstehung von Gewinn und Verlust im einzelnen beitragen. Schliesslich ist sie zuverlässiger als die einfache Buchführung, weil sie ohne unverhältnismässigen Zeitaufwand mehrfache Proben auf die Richtigkeit der gemachten Eintragungen ermöglicht.

Durch den Uebertrag der zweifelhaften Aussenstände auf das Konto Dubio des Hauptbuches werden die betr. Personen-Konten im Konto-Korrentbuche ausgeglichen. Es ist zu empfehlen, solche Ausgleichsposten in dem letztgenannten Buche mit roter Tinte zu machen, damit sie bei Durchsicht desselben sofort auffallen. Andernfalls wird man die zweifelhaften Aussenstände in ein besonderes Verzeichnis eintragen, aus welchem alles Wissenswerte zu ersehen ist; etwa in folgender Form:

Verzeichnis der zweifelhaften Aussenstände.

Datum des Eintrags		Name oder Firma	Wohnort	Die Schuld beträgt			Hierauf sind bezahlt:					Bemerkungen über Auslagen, angestrengte Klagen, Abmachungen u. s. w.
Monat	Tag			lt. Buch	ℳ	₰	lt. Buch	Monat	Tag	ℳ	₰	
19 . . Dezbr.	28	J. Schäfer	Breslau	K. K. 15	255	40						Will innerhalb Jahresfrist bezahlen

II. Teil.

Aufgaben.

Geschäftsvorfälle vom November 19 . .

1	Unter der Firma *Robert Streber* eröffne ich heute ein Kolonialwaren-Engros- u. Detailgeschäft und lege ein in bar . . . . . (Vergl. Eröffnungs-Bilanz.)			25 000	—

Nachstehende Rechnung geht heute gleichzeitig mit den darin aufgeführten Waren ein.

Hamburg, den *31. Oktober* 19 .

Rechnung

für *Herrn Robert Streber, Berlin*

von **Ad. Roy & Co.**

Wir sandten Ihnen auf Ihre Bestellung per Bahn franko die nachstehend berechneten Waren und bitten um Gutschrift des Betrages.

A. R. & Co.		800 kg Mokkakaffee	%kg	237.50	1 900	—
		1000 „ Javakaffee	„	232.50	2 325	—
1/71		1000 „ Guatemalakaffee	„	205.—	2 050	—
		750 „ Campinaskaffee	„	196.—	1 470	—
				M.	7 745	—

Zahlbar nach 3 Monaten mit 2 % Skonto[1])

	F. A. Schickler, hier liefert: zahlbar nach 30 Tagen mit 2% Skonto					
	1940 kg Melis %kg *M.* 48.—		931	20		
	1280 „ Raffinade II „ „ 51.—		652	80		
	850 „ Raffinade I „ „ 54.—		459	—	2 043	—
	In das Detailgeschäft gebe ich:					
	130 kg Mokkakaffee à kg *M.* 2.55		331	50		
	125 „ Campinaskaffee „ „ 2.05		256	25		
	250 „ Guatemalakaffee „ „ 2.20		550	—		
	250 „ Javakaffee „ „ 2.30		575	—		
	500 „ Melis „ „ 0.52		260	—		
	500 „ Raffinade II „ „ 0.56		280	—		
	225 „ „ I „ „ 0.59		132	75	2 385	50
	Von *Vogel & Co., Bremen* treffen ein: 4815 kg Karolinareis %kg *M.* 47.50 Preis ab Bremen; 3 Monat Ziel.				2 287	15

[1]) Skonto = verabredeter Abzug vom Fakturenbetrage.

2	An *J. Eulner, Frankf. a. O.*, sende ich auf seine Bestellung durch Spediteur Henze, hier Ziel: 30 Tage mit 2 % Skonto				
	125 kg Mokkakaffee %kg ℳ 285.—	356	25		
	235 „ Javakaffee „ „ 275.—	646	25		
	125 „ Guatemalakaffee „ „ 240.—	300	—		
	530 „ Melis „ „ 54.—	286	20		
	165 „ Karolinareis „ „ 58.—	95	70		
	Verpackung	12	50	1 696	90
	Ich bezahle die Rechnungen[1]) für gelieferte Kontor-, Laden- etc. Einrichtung im Betrage von			3 050	25
	Dem Buchbinder *G. Kless* zahle ich für Handlungsbücher, Geschäftspapiere, Drucksachen etc. lt. heutiger Rechnung . . .			201	75
	Ich bezahle die Rechnungen[1]) über verschiedene für das Detailgeschäft gekaufte Waren mit			1 218	75
	Laut Frachtbrief von *Andree & Wilkerling* zahle ich auf die Sendung Karolinareis für Fracht und Spesen			131	35
3	Für meinen persönlichen Gebrauch entnehme ich der Kasse			300	—
	Ich bezahle an *A. Genzel* eine Rechnung über heute geliefertes Packmaterial für Waren im Betrage von			152	—
	Von *Jos. Taylor, London* gingen ein:				
	90 kg Peccothee %kg ℳ 646.—	581	40		
	75 „ Kongothee „ „ 391.—	293	25		
	80 „ Souchongthee „ „ 229.50	183	60	1 058	25
	Kondition[2]): 30 Tage Ziel mit 2 % Skonto.				

[1]) In der Praxis sind die Namen der Lieferanten in der betr. Buchung anzugeben.
[2]) Kondition = Verkaufsbedingung.

Vorderseite.

Prima-Wechsel

Angenommen
M. Brünn.

Berlin, den *10. October 19* . . Für ℳ *508.75*

Am 10. Februar 19 . . zahlen Sie für diesen Prima-Wechsel an die Ordre *von mir selbst* die Summe von

Fünfhundertacht Mark 75 Pf.

den Wert *in Rechnung* und stellen solchen auf Rechnung *laut* Bericht.

Herrn *M. Brünn*
№ . . . in *Hamburg.*

Emil Grund.

	Für Fracht und Spesen auf diese Sendung zahle ich	29	40		
	desgleichen für Zoll.	245	—	274	40
4	Ich kaufe gegen bar diverse Waren für das Detailgeschäft			535	45
	G. Schoder, hier kauft p. Kassa[1])				
	50 kg Peccothee à kg *M* 8,25	412	50		
	50 „ Kongothee „ „ 3,85	192	50		
	50 „ Souchongthee „ „ 4,50	225	—		
		830	—		
	auf die ich für die Barzahlung 4 % Skto. bewillige.	33	20	796	80
	B. Sauer & Sohn, hier empfangen: Ziel: 3 Monate				
	350 kg Karolinareis % kg *M* 58.—	203	—		
	500 „ Melis „ „ 54.—	270	—		
	250 „ Raffinade II „ „ 60.—	150	—		
	10 „ Peccothee à kg „ 9.—	90	—		
	5 „ Kongothee „ „ 4.10	20	50	733	50
	Die Einnahmen des Detailgeschäftes vom 1. bis 4. d. M. betragen laut Laden-Kassabuch[2]) welchen Betrag ich in die Hauptkasse lege.			455	25
6	Von *Voigt & Vogeler, hier* kaufe ich gegen 1 monatliches Ziel: 10 Fass netto 1450 kg Ia raffiniertes Petroleum % kg *M* 27.—			391	50
	von denen ich: 2 Fass netto 290,5 kg ins Detailgeschäft gebe und demselben mit *M* 30,— % kg berechne.			87	15

[1]) p. Kassa = gegen sofortige Bezahlung.

[2]) Das Laden-Kassabuch wird nur im Detailgeschäft geführt.

Wechselstempel-marke 0,30 10. Oktober 19..

Emil Grund.

Für uns an die Ordre des Herrn R. Streber, Berlin. Wert erhalten.

Berlin, 6. Nov. 19..
B. Sauer & Sohn.

Rückseite.

	B. Sauer & Sohn, hier senden, weil zu viel geliefert, zurück:				
	100 kg Melis	54	—		
	5 „ Peccothee à kg ℳ 9.—	45	—	99	—
	ferner geben sie den vorseitig abgedruckten Wechsel p. 10/2. a. f.[1]) a/Hamburg[2]) über			508	75
	in Zahlung, den ich in das Wechsel-Kopierbuch unter No. 1 eintrage.				
	Sie bestellen aufs neue:				
	2 Fass netto 289,5 kg Petroleum % kg ℳ 33,—			95	55
	welche ich ihnen zusende.				
7	Dem Detailgeschäfte übergebe ich folgende Waren:				
	500 kg Karolinareis % kg ℳ 58.—	290	—		
	10 „ Peccothee à kg „ 8.25	82	50		
	10 „ Kongothee „ „ 3.85	38	50		
	10 „ Souchongthee „ „ 4.50	45	—	456	—
	An *W. Schüll, hier* verkaufe ich gegen bar mit 4 % Kassaskonto:				
	980 kg Karolinareis % kg ℳ 58.—	568	40		
	÷[3]) 4 %	22	75	545	65
8	*G. Teubner, hier* empfängt auf Bestellung: Ziel: 30 Tage mit 4 % Skonto.				
	300 kg Mokkakaffee % kg ℳ 285.—	855	—		
	500 „ Javakaffee „ „ 275.—	1 375	—		
	200 „ Campinaskaffee „ „ 220.—	440	—		
	235 „ Raffinade II „ „ 60.—	141	—		
	735 „ Karolinareis „ „ 58.—	426	30		
	10 „ Souchongthee à kg „ 4.80	48	—		
	Verpackung	15	—	3 300	30
	Ich kaufe auf einer Auktion gegen bar:				
	223,5 kg Mandeln à kg ℳ 1.60	357	60		
	483 „ Sultaninen „ „ 0.62	299	45		
	375 „ Korinthen „ „ 0.48	180	—		
	5 hl Franzbranntwein à hl 220.—	1 100	—	1 937	05
	Für Brennmaterial zahle ich lt. Rechnung von *E. Schröder, hier*			72	—

[1]) a. f. = anni futuri = des nächsten Jahres.
[2]) a/Hamburg = auf Hamburg d. h. der Wechsel ist in Hamburg zahlbar.
[3]) ÷ = Zeichen für: ab, abzüglich.

9	Vom Bankier *Philipsburg* kaufe ich gegen bar:				
	M. 10000 5% Union Ind. Oblig. à[1]) 112,55	11 255	—		
	+[2]) Zinsen 129/5%[3])	179	20		
	„ ½‰ Kurtage[4])	5	—		
	„ Provision u. Stempel	16	65	11 455	85
	Ich diskontiere[5]) (kaufe von) einem Geschäftsfreunde:				
	1 Wechsel p. 31. 1. a. f. a./Bremen über	3 000	—		
	und berechne demselben Diskont[6]) für 81 Tage à 4½% p. a. (81/4½%)	30	40		
	zahle ihm also bar			2 969	60
	Den Wechsel trage ich unter No. 2 in das Wechselkopierbuch ein.				
	Dem Detailgeschäft überweise ich folgende Waren:				
	53,5 kg Mandeln à kg *M* 1.75	93	60		
	83 „ Sultaninen „ „ 0.70	58	10		
	120 „ Korinthen „ „ 0.52	62	40	214	10
	und bezahle für dasselbe einige Rechnungen im Betrage von			317	25
10	*G. Teubner, hier* sendet die Verpackung meiner Lieferung vom 8. d. M. zurück.			15	—
	Ich kaufe gegen Barzahlung:				
	1 Pferd	500	—		
	1 Arbeitswagen	375	—		
	div. Stallutensilien, Geschirre etc.	270	75	1 145	75
	An die Gesellschaft „*Phönix*" zahle ich die Feuerversicherungsprämie mit			159	—
11	*Emil Kasch & Co., Hamburg* senden franko hier, Ziel: 3 Monate oder per Kassa mit 3% Skonto:				
	50/10 Kisten Flor Fina à *M* 32.—	160	—		
	50/10 „ El Gloria „ 40.—	200	—		
	30/10 „ Rose d'Or „ 45.—	135	—	495	—
	Ich übergebe dem Detailgeschäft von obigen Zigarren:				
	10/10 Kisten Flor Fina	33	—		
	10/10 „ El Gloria	42	—		
	10/10 „ Rose d'Or	48	50	123	50

1) man lese „zum Kurse von".
2) + = Zeichen für: zuzüglich.
3) 129/5% = 5% Zinsen von M. 10 000 auf 129 Tage.
4) Kurtage = Maklergebühr für Vermittelung von Waren-, Wechsel- und Effektengeschäften.
5) diskontieren heisst sowohl kaufen wie auch verkaufen.
6) Diskont = Zinsvergütung für Zahlung vor Verfall: wird auf Zinsenkonto verbucht.

	Die Barlosungen des Detailgeschäfts vom 5. bis 11. d. M. werden an die Hauptkasse abgeführt mit			895	30
13	Mein Reisender *Schwarz* tritt heute seine Tour in die Provinz an und erhält an Reisekasse			200	—
	Karl Goern, hier bestellt und erhält:				
	Kondition: 60 Tage Ziel mit 2% Skonto				
	200 kg Guatemalakaffee à kg M. 2.40	480	—		
	125 „ Raffinade I „ „ 0.62	77	50		
	50 „ Mandeln „ „ 1.90	95	—		
	100 „ Sultaninen „ „ 0.78	78	—		
	Verpackung	5	—	735	50
	Ad. Drucker, Stettin sendet mir zur Weiterbeförderung an *C. Diesner, Dresden* 5150 kg Weizen, für welche ich Fracht und Unkosten zahle			77	25
	Die am Lager befindlichen 5 Hektoliter Franzbranntwein verkaufe ich mit M. 250 per hl. und 4% Skonto gegen bar an *F. Röper, hier*	1 250	—		
	÷ 4%	50	—	1 200	—
14	Der gestern eingegangene Weizen wird an *C. Diesner, Dresden* verladen, u. ich sende ihm folgende Spesennota mit der Bitte um Gutschrift des Betrages:				
	Verlegte Fracht	77	25		
	Rollgeld für 5150 kg % kg M. 0.30	15	45		
	Verwiegen und sonstige Unkosten	12	50	105	20
	J. Eulner, Frankfurt a. O. reguliert den Posten vom 3. d. Mts. wie folgt:				
	Fakturenbetrag	1 696	90		
	÷ 2% Skonto	33	90		
		1 663	—		
	÷ für frühere Zahlung auf 18 Tage à 6% p. a.[1])	5	—		
	in bar mit			1 658	—
15	*R. Zump Wwe., Bremen* sendet:				
	Ziel: 3 Monat mit 2% Skonto, unverzollt, ab Bremen				
	2000 kg Mokkakaffee % kg M. 193.—	3 860	—		
	1500 „ Javakaffee „ „ 188.—	2 820	—		
	2000 „ Campinaskaffee „ „ 153.—	3 060	—		
	10 Fass netto 1675 kg Rüböl „ „ 46.50	778	90	10 518	90

[1]) p. a. = pro anno = für das Jahr.

	Ich zahle auf diese Sendung bar:				
	Fracht, Zoll und Spesen auf Rüböl	112	30		
	„ „ „ „ „ Kaffee	2 344	—	2 456	30
16	Mein Reisender sendet folgenden Auftrag von *Baer & Sohn, Frankfurt a. O.:*				
	2 Fass n̲o̲ 290 kg Petroleum %kg ℳ 33.—	95	70		
	1 „ „ 167,5 kg Rüböl „ „ 75.—	125	65		
	10/10 Kisten Gloria	42	—		
	10/10 „ Flor Fina	33	—		
	100 kg Stearinlichte à kg ℳ 1.—	100	—		
	Verpackung	5	25	401	60
	Ziel: 30 Tage mit 2% Skonto.				
	Obige Stearinlichte, welche nicht am Lager waren, kaufte ich gegen bar von *A. Motard, hier* mit			90	—
17	Auf Veranlassung meines Reisenden sende ich per Bahn an *E. Grensing, Fürstenwalde:*				
	Ziel: 30 Tage mit 4% Skonto				
	210 kg Mokkakaffee % kg ℳ 285.—	598	50		
	105 „ Campinaskaffee „ „ 220.—	231	—		
	200 „ Raffinade I „ „ 62.—	124	—		
	10 „ Souchongthee à kg „ 4.80	48	—		
	Verpackung	4	—	1 005	50
	Ich verkaufe einen Posten leerer Säcke für			15	—
18	Vom Detailgeschäft erhalte ich den Betrag der Barlosungen vom 12. bis 18. d. Mts. in Höhe von			1 075	—
	und übergebe demselben:				
	250 kg Mokkakaffee à kg ℳ 2.55	637	50		
	150 „ Guatemalakaffee „ „ 2.20	330	—		
	300 „ Campinaskaffee „ „ 2.05	615	—		
	500 „ Melis „ „ 0.52	260	—		
	200 „ Raffinade I „ „ 0.62	124	—		
	15 „ Peccothee „ „ 8.25	123	75		
	4 Fass n̲o̲ 580 kg Petroleum %kg „ 30.—	174	—		
	1 Fass n̲o̲ 167,5 kg Rüböl „ „ 60.—	100	50	2 364	75
20	*F. A. Schickler, hier* liefern zu bekannten Verkaufsbedingungen:				
	3000 kg Melis % kg ℳ 48.—	1 440	—		
	1000 „ Raffinade II „ „ 51.—	510	—		
	1000 „ „ I „ „ 54.—	540	—	2 490	—

	Von dieser Lieferung verkaufe ich an *M. Glück, hier:*				
	1500 kg Melis °/₀ kg ℳ 52.—	780	—		
	250 „ Raffinade II „ „ 58.—	145	—		
	250 „ „ I „ „ 62.—	155	—	1 080	—
	die derselbe mit folgenden 3 Wechseln				
	No. 3[1]) per 25. 11. a./hier	500	—		
	„ 4 „ 2. 12. a./hier	393	—		
	„ 5 „ 28. 11. a./Leipzig	187	—	1 080	—
	bezahlt.				
21	*Ad. Schultz, Kottbus* empfängt laut Auftrag meines Reisenden:				
	Ziel: 30 Tage mit 2°/₀ Skonto:				
	200 kg Sultaninen °/₀ kg ℳ 78.—	156	—		
	75 „ Korinthen „ „ 55.—	41	25		
	25 „ Mandeln à kg „ 1.90	47	50		
	10 „ Kongothee „ „ 4.10	41	—		
	500 „ Karolinareis °/₀ kg „ 58.—	290	—		
	500 „ Melis „ „ 54.—	270	—		
	Verpackung	15	—	860	75
	Alfred Penzlin, Guben bestellt infolge einer Offerte meines Reisenden:				
	mit 4°/₀ Skonto, 1 Monat Ziel:				
	500 kg Karolinareis °/₀ kg ℳ 58.—	290	—		
	500 „ Javakaffee „ „ 275.—	1 375	—		
	5 „ Peccothee à kg „ 9.—	45	—		
	2 Fass n° 335 kg Rüböl °/₀ kg „ 70.—	234	50	1 944	50
22	Dem Fouragehändler ***Knorr*** bezahle ich für gelieferten Hafer, sowie Heu und Stroh			192	50
	Vogel & Co., Bremen ersuchen mich, für ihre Rechnung an G. Teubner, hier zu zahlen. Im Einverständnis mit beiden Firmen zahle ich den Betrag jedoch nicht an Teubner, sondern entlaste dafür dessen Konto und belaste das Konto von Vogel & Co.			1 000	—
23	Die für *Ad. Schultz* in *Kottbus* bestimmte Sendung ist aus Versehen nach Guben gesandt. Ich lasse dieselbe von dort nach Kottbus weiterbefördern und bitte Schultz unter Mitteilung des Sachverhaltes ev. entstandene Mehrfracht mir zu belasten. (Vergl. Aufgabe 1 vom 27. d. M.)				

[1]) No. des Wechsel-Kopierbuches.

	C. Diesner, Dresden sendet den Betrag meiner				
	Speditionsnota vom 14. d. Mts.			105	20
	und bittet mich ferner, für ihn bei Bernh.				
	Moses, hier 50 Sack Weizenmehl zu kaufen.				
	Letzterer erteilt Faktura direkt und zahlt				
	mir eine Vermittelungsprovision von .			12	50
24	Ich diskontiere[1]) bei Bankier *Philipsburg*				
	den Wechsel No. 1 per 10. 2. a./hier				
	und habe an Diskont zu zahlen 76/4 %			4	30
	Ad. Roy & Co., Hamburg übersenden mit				
	ihrem heutigen Briefe eine Tratte auf				
	mich, fällig per 23. 12. cr. über			3 200	—
	die ich denselben mit meinem Accept				
	versehen wieder zustelle. (No. 1 des				
	Acceptbuches.)				
25	*Ad. Roy & Co., Hamburg* senden ferner auf				
	Veranlassung meines zukünftigen Sozius				
	G. Boldt zum Verkauf in Kommission:				
	20 Fass Galipoli-Oel				
	Br. 6000 kg Ta. 1000 kg				
	netto 5000 kg				
	Sie geben mir ein Verkaufslimitum[2]) von				
	ℳ 80.— % kg auf und bewilligen mir				
	eine Verkaufsprovision von 2 %, sowie				
	1/2 % für Delkredere[3]), ausserdem 1/2 %				
	Kurtage für alle Barverkäufe.			4 000	—
26	*Karl Goern, hier* empfängt:				
	100 kg Mokkakaffee à kg ℳ 2.85	285	—		
	500 „ Melis % kg „ 54.—	270	—		
	200 „ Karolinareis „ „ 58.—	116	—	671	—
	Derselbe übersendet mir:				
	sein Accept per 15. 1. a. f. über . .			720	75
	welches ich zuzüglich 2 % Skonto von				
	ℳ 735.50 = ...			14	75
	zur Ebnung meiner Rechnung v. 13. d. M.				
	benutze. (No. 6 des Wechselkopierbuches.)				
	Vom Detailgeschäft erhalte ich den Betrag				
	der Einnahmen vom 19. bis 25. d. M.			1 286	75

[1]) verkaufe.
[2]) niedrigster Verkaufspreis.
[3]) Bürgschaftsübernahme für den richtigen Eingang eines Schuldbetrages.

27	*Ad. Schultz, Kottbus,* benachrichtigt mich heute, dass er an Mehrfracht auf meine falsch expedierte Sendung vom 21 d. M.			2	75
	zu zahlen hatte. Gleichzeitig beschwert er sich über die ihm berechneten hohen Emballagekosten, für die er mir nur 4 M. vergüten will; ich kreditiere ihm die Differenz von			11	—
	Der am 25. d. M. fällige Wechsel über 500 ℳ (No. 3 des Wechselkopierbuches) wurde bei Vorzeigen nicht eingelöst, und übergab ich denselben zwecks Protestaufnahme dem Notar Haase. Dieser sendet mir heute den Wechsel nebst Protesturkunde wieder zu und berechnet für Kosten ℳ 7.50. Ich stelle demnächst für *M. Glück, hier,* von dem ich den Wechsel in Zahlung nahm, folgende Nota auf:				
	1 Rikambio[1]) per 25. 11. a./hier	500	—		
	Protestkosten	7	50		
	$^1/_3$ % Provision	1	70	509	20
	sende dieselbe unter Beifügung des Rikambio und der Protesturkunde an M. Glück und erhalte von ihm den Betrag in bar.				
	Jos. Taylor bittet mich heute brieflich um Bezahlung seiner Rechnung vom 2. d. M. in einem Wechsel auf London.				
	Ich kaufe daher durch Bankier *Philipsburg* gegen bar				
	1 Wechsel kurz London				
	über £ 50. 16. 8. à ℳ 20.34	1 033	95		
	derselbe berechnet mir $^1/_2$ ‰ Kurtage	—	50		
	Stempel- und Provision	1	70	1 036	15
	(No. 7 des Wechselkopierbuches.)				
28	Den vorstehenden Wechsel sende ich an *Jos. Taylor* in *London* und füge nachstehende Abrechnung bei	£. s.	d.	M.	Pf
	Novbr. 2. Per Waren	51 17	6	1 058	25
	∸ Skonto	1 —	10	21	25
	1 £ = ℳ 20.40	50 16	8	1 037	—
29	Von *F. Zeidler, hier* kaufe ich gegen bar:				
	3000 kg Melis %kg ℳ 47.50	1 425	—		
	3500 „ Karolinareis „ „ 50.—	1 750	—	3 175	—
30	Mein Bruder *Max Streber* giebt mir heute ein Darlehn von			4 500	—
	welches ich ihm mit 5 % p. a. verzinse.				

[1]) Rückwechsel = bei Verfall nicht bezahlter Wechsel.

Den am 28. d. M. fälligen Wechsel a./Leipzig (No. 5) liess ich per Postauftrag einkassieren; der Betrag geht heute ein.				
An *Ad. Roy & Co., Hamburg* sende ich folgende Abrechnung:				
Betrag der Faktura vom 1. 11. cr.	7 745	—		
∸ 2% Skonto	154	90		
fällig am 1. 2. a. f.	7 590	10		
hierauf empfangen: 1 Accept per 23. 12. cr. 3200.—				
+ für frühere Zahlung vom 28. 12. bis 1. 2. = 38/5% 16.90	3 216	90		
	4 373	20		
∸ für frühere Zahlung a./M. 4373.20. vom 1. 12. bis 1. 2. = 60/5%	36	45		
Netto			4 336	75
welche ich meinem Briefe beifüge.				
Die Einnahmen des Detailgeschäftes vom 26. bis 30. inkl. werden an die Hauptkasse abgeführt.			975	65
Ich zahle Miete pro Nov. für das Geschäftslokal	400	—		
„ „ „ für meine Privatwohnung	90	—	490	—
An Salair zahle ich	225	—		
„ Lohn dem Hausdiener	72	—		
Die sonstigen Unkosten wie Porti, Stadtspesen, Beiträge für Kranken- und Alters-Versicherung etc. betrugen lt. bes. Buch	185	40	482	40
Der Kutscher erhielt Lohn	63	—		
Die sonstigen kleinen Ausgaben für das Gespann betrugen lt. besonderem Buch	35	75	98	75
Der Reisende giebt seine Spesen bis inkl. heute auf mit			192	50
Beim Kassenabschluss ergiebt sich ein Fehlbetrag von			18	35
Da ich am 1. Dez. meinen Freund G. Boldt als Teilhaber aufnehmen will, mache ich heute Inventur, um den Gewinn pro November festzustellen.				

(Vakatstrich.)

Inventur am 30. November 19 . .

	I. Aktiva.						
A.	**Warenlager:**						
	1685 kg Mokkakaffee		2.35	3 959	75		
	1015 „ Javakaffee		2.30	2 334	50		
	275 „ Guatemalakaffee		2.05	563	75		
	2020 „ Campinaskaffee		1.95	3 939	—		
	4385 „ Karolinareis	% kg	50.—	2 192	50		
	850 „ Raffinade I	„	54.—	459	—		
	1045 „ „ II	„	51.—	532	95		
	3510 „ Melis	„	47,50	1 667	25		
	95 „ Mandeln		1.65	156	75		
	100 „ Sultaninen		0.62½	62	50		
	180 „ Korinthen	„	48.—	86	40		
	5 „ Peccothee		7.50	37	50		
	1005 „ Rüböl (6 Fass)		60.—	603	—		
	30/10 Kist. Zigarren Flor Fina		32.—	96	—		
	30/10 „ „ Gloria		40.—	120	—		
	20/10 „ „ Rose d'Or		45.—	90	—	16 900	85
B.	**Debitoren:**						
	B. Sauer & Sohn, hier		K. K. 9	221	30		
	G. Teubner, „		„ 10	2 285	30		
	Karl Goern, „		„ 10	671	—		
	Baer & Sohn, Frankfurt a. O.		„ 11	401	60		
	F. Grensing, Fürstenwalde		„ 11	1 005	50		
	Ad. Schultz, Kottbus		„ 12	847	—		
	Alfred Penzlin, Guben		„ 12	1 944	50	7 376	20
C.	**Detailgeschäft:**						
	Warenbestände laut besonderer Aufnahme					3 722	50
D.	**Wechsel:**						
	No. 2 per 31. 1. a. f.			3 000	—		
	„ 4 „ 3. 12. a. c.			393	—		
	„ 6 „ 15. 1. a. f.			720	75	4 113	75
E.	**Kommissionsware:**						
	5000 kg Galipoli-Oel	% kg	80.—			4 000	—
F.	**Reise-Konto Schwarz:**						
	Nicht abgerechnete Reisekasse					7	50
G.	**Kassa:**						
	Bares Geld					3 140	35
H.	**Utensilien:**						
	Anschaffungswert			3 050	25		
	÷ für Abnutzung pro November			30	50	3 019	75
	Transport					42 280	90

Inventur am 30. November 19 . .

	Transport				42 280	90
J.	Effekten:					
	M. 10 000 5% Union Ind. Oblig.	112.75	11 275	—		
	Zins. v. 1. 7. bis 1. 12. = 150/5%		208	35	11 483	35
K.	Gespann:					
	Anschaffungswert		1 145	75		
	Abschreibung pro November		11	75	1 134	—
	Gesamt-Aktiva				54 898	25

II. Passiva.

A.	R. Streber:					
	Einlagekapital		25 000	—		
	hiervon ab der Privatverbrauch		390	—	24 610	—
B.	Kreditoren:					
	Ad. Roy & Co., Hamburg	K.K. 1	4 000	—		
	F. A. Schickler, hier	„ 1	4 533	—		
	Vogel & Co., Bremen	„ 2	1 287	15		
	Voigt & Vogeler, hier	„ 3	391	50		
	Emil Kasch & Co., Hamburg	„ 3	495	—		
	R. Zump Wwe., Bremen	„ 4	10 518	90		
	Max Streber, hier	„ 4	4 500	—	25 725	55
C.	Accepte, noch nicht eingelöst:					
	No. 1 per 23. 12. Ordre Roy & Co.				3 200	—
	Gesamt-Passiva				53 535	55

Bilanz.

Meine Aktiva betragen		54 898	25		
Meine Passiva incl. Kapital				53 535	55
Mithin beträgt der Reingewinn pro November				1 362	70
		54 898	25	54 898	25

Berlin, den 30. November 19 . .

Robert Streber.

Am 1. Dezember nehme ich *Gustav Boldt* als Teilhaber in mein Geschäft auf. Derselbe legt ein:

in bar . . . . ℳ 30 000.—
in Effekten . . . . „ 5 000.—
4 % Provinzialanleihe à ℳ 106.75

Laut Gesellschaftsvertrag erhält er die Hälfte des Reingewinnes. Eine gegenseitige Verzinsung der Kapitalanteile findet nicht statt. Sein Eintritt macht die Aufstellung einer Eröffnungsbilanz für die Gesellschaft (Vergl. Seite 16) erforderlich, auf Grund deren die Konten in den Büchern wieder bezw. neu eröffnet werden.

Geschäftsvorfälle vom Dezember 19 . .

1	*Schwarz* erhält weitere Reisekasse . . .			200	—
	Schwarz beauftragt uns durch Spediteur Henze, hier an H. Moeller, Guben zu senden: 10 Fass n̲o̲ 2500 kg Galipoliöl %kg ℳ 85.— die er letzterem mit 3 Monat Ziel verkauft hat.			2 125	—
	Wir kaufen vom Rentier *Schilling* das Haus, in welchem sich unser Geschäftslokal befindet, für den Preis von ℳ 135 000. Wir geben demselben als Anzahlung: ℳ 10000.— 5 % Union Ind. Oblig. à ℳ 113.75	11 375	—		
	Zinsen 150/5 %	208	35	11 583	35
	ferner in bar:			28 416	65
	Die auf dem Hause lastende Hypothek I. Stelle zu 4 % von *F. Berndt* übernehmen wir mit	50 000	—		
	und lassen das Restkaufgeld von dem Rentier *Schilling* als II. Hypothek mit 4½ % Verzinsung eintragen.	45 000	—	95 000	—
	Die Kosten der Auflassung, Notar- u. sonstige Gebühren zahlen wir bar mit			650	—
2	Wir kassieren den Wechsel No. 4, welcher heute fällig ist, ein.				

	Wir regulieren *F. A. Schickler, hier* die Be-				
	träge seiner Rechnungen vom 1. 11. cr. über	2 043	—		
	„ 20. 11. „ „	2 490	—		
		4 533	—		
	∸ 2 % Skonto	90	70		
	in unserem Accept per 20. 12. cr. über			4 442	30
	(No. 2 des Acceptbuches).				
	Wir verkaufen gegen bar an *J. Engels, hier*				
	1000 kg Karolinareis % kg ℳ 55.—			550	—
	Von *F. Cardi, Triest* gehen ein:				
	4 Kisten Südfrüchte im Betrage von Fl.	712	25		
	die wir à[1]) ℳ 168.— umrechnen =			1 196	60
	van Zoonen, Amsterdam liefert ab Lager Ham-				
	burg unverzollt und unfrankiert:				
	500 kg Kakao % kg Fl. 157.50 = Fl.	787	50		
	à[1]) ℳ 170.—			1 338	75
	Für Fracht, Zoll und Zollspesen auf Kakao				
	zahlen wir unserem Spediteur:			311	75
4	Unser Reisender teilt uns mit, dass ihm				
	Alfred Penzlin, Guben à konto bar:			500	—
	sowie *H. Möller, Guben*:				
	1 Wechsel über Fl. 600 p. 28. 2 a. f.				
	a./Amstrd. i. Zahl. gegeben hat. Er hat d.				
	Wechsel, welcher seinem Briefe an uns				
	beiliegt à[1]) ℳ 168.— angenommen.			1 008	—
	(No. 8 d. Wechselkopierbuches.)				
	Ferner sendet *Schwarz* einen Auftrag von				
	W. Zweig, Sommerfeld, den wir „franko				
	m. 30 Tage Ziel" ausführen.				
	200 kg Campinaskaffee % kg ℳ 220.—	440	—		
	500 „ Melis „ „ 54.—	270	—		
	250 „ Raffinade II „ „ 60.—	150	—		
	300 „ Karolinareis „ „ 58.—	174	—		
	50 „ Kakao „ „ 3.90	195	—		
	5 „ Peccothee „ „ 9.—	45	—	1 274	—
	Für Fracht auf diese Sendung zahlen wir			25	20
	Den heute erhaltenen Wechsel auf Amsterdam				
	(No. 8) senden wir an *van Zoonen, Amster-*				
	dam und berechnen denselben à[1]) ℳ 170.—			1 020	—

[1]) à = zum Kurse von

	Zum persönlichen Gebrauch entnimmt der Kasse:				
	Gustav Boldt			250	—
	R. Streber			150	—
5	Wir zahlen Fracht, Zoll u. Spesen auf 4 K. Südfrüchte			46	35
	Das Detailgeschäft empfängt folgende Waren:				
	100 kg Kakao à kg *M.* 3.75	375	—		
	500 „ Mokkakaffee „ „ 2.55	1 275	—		
	300 „ Javakaffee „ „ 2.50	750	—		
	275 „ Guatemalakaffee „ „ 2.20	605	—		
	500 „ Campinaskaffee „ „ 2.05	1 025	—		
	1000 „ Melis %kg „ 52.—	520	—		
	300 „ Raffinade II „ „ 56.—	168	—		
	500 „ „ I „ „ 59.—	295	—		
	500 „ Karolinareis „ „ 52.—	260	—		
	50 „ Mandeln „ „ 175.—	87	50		
	50 „ Sultaninen „ „ 70.—	35	—		
	80 „ Korinthen „ „ 52.—	41	60		
	4 Kisten Südfrüchte	1 342	—	6 779	10
	Gustav Boldt entnimmt dem Geschäft zum Privatgebrauch:				
	10 kg Raffinade I à kg *M.* 0.60	6	—		
	5 „ Mokkakaffee „ „ 2.75	13	75		
	5 „ Campinaskaffee „ „ 2.20	11	—	30	75
	An *J. Schaefer, Breslau* senden wir per Bahn: 3 Fass netto 503 kg Rüböl % kg *M.* 75.— und entnehmen den Betrag in einer Tratte per 20. d. M. (No. 9).			377	25
6	*Voigt & Vogeler, hier* liefern: 10 Fass netto 1459,3 kg raff. Petroleum % kg *M.* 26.50			386	70
	Für das Detailgeschäft machen wir verschiedene Baranschaffungen im Betrage von			609	45
	Baer & Sohn, Frankfurt a. O. empfangen auf ihre Ordre per Bahn mit versicherter Lieferfrist:				
	200 kg Mokkakaffee à kg *M.* 2.85	570	—		
	250 „ Melis % kg „ 54.—	135	—		
	600 „ Karolinareis „ „ 58.—	348	—		
	50 „ Kakao à kg „ 3.90	195	—		
	Verpackung	6	50	1 254	50

	S. Hellmann, Magdeburg liefert „franko hier, Ziel 3 Monat“:				
	325 kg Salonkerzen à kg *M* 1.10	357	50		
	500 „ Gloriakerzen %/o kg „ 92.50	462	50		
	985 „ Stearinlichte „ „ 90.—	886	50	1 706	50
7	Für handelsgerichtliche Eintragung unserer Firma zahlen wir an die Kasse des Kgl. Amtsgerichts			89	75
	Für diverse Kontorbedürfnisse zahlen wir dem Buchbinder *Kless* lt. quittierter Rechnung			22	35
	Von *Dumont, fils et frères, Bordeaux* treffen via Hamburg gesandte:				
	4 Oxhoft 88er Medoc Frcs.	775	—		
	4 „ „ Moulis „	900	—		
	2 „ „ Pontet Canet „	600	—		
	im Betrage von: Frcs.	2 275	—		
	ein, die wir denselben gutschreiben à *M* 80.— =			1 820	—
	Wir zahlen auf diese Sendung: Fracht	107	55		
	Steuer und Zollspesen	668	25	775	80
	Voigt & Vogeler, hier empfangen zum Ausgleich ihrer Faktura vom 6. v. M. bar			891	50
8	Beim Nachsehen der Sendung von *S. Hellmann* finden wir, dass sich unter den Stearinlichten 235 kg geringerer Qualität befinden, die wir, da solche für uns unverwendbar, *Hellmann* zur Verfügung stellen.			211	50
	J. Eulner, Frankfurt a. O. empfängt per Bahn zu bekannten Bedingungen:				
	100 kg Gloriakerzen à kg *M* 1.10	110	—		
	200 „ Stearinlichte „ „ 1.—	200	—		
	335 „ Karolinareis %/o kg „ 58.—	194	30		
	125 „ Mokkakaffee „ „ 285.—	356	25		
	1 Oxhoft Pontet Canet	385	—		
	Fastage	7	50	1 253	05
	B. Sauer & Sohn, hier erhalten d. unser Gespann:				
	2 Fass no 292,5 kg Petrol. % kg *M* 32.—	93	60		
	1 „ „ 167 „ „ „ „ 75.—	125	25		
	50 kg „ Salonkerzen à kg „ 1.30	65	—		
	50 „ „ Gloriakerzen „ „ 1.10	55	—		
	75 „ „ Stearinlichte „ „ 1.—	75	—	413	85

	Wir zahlen dem Maurermeister *Koch* für Reparaturen am Hause			192	45
9	Im Auftrage von *C. Diesner, Dresden* senden wir an *W. Hermann, Görlitz* franko in direkter Fracht 10 Fass Galipoliöl, welche wir ersterem wie folgt fakturieren:				
	10 Fass n° 2500 kg Galipoliöl °/₀ kg ℳ 84.—	2 100	—		
	verlegte Fracht[1])	353	45		
	Rollgeld nach der Bahn	8	50	2 461	95
	Die Anfuhr zur Bahn geschieht durch unser Gespann.				
	F. Grensing, Fürstenwalde sendet uns:				
	1 Wechsel (No. 10) per 21. 12. a./hier über			965	—
	welchen wir zuzüglich 4 °/₀ Sk. = ℳ 40.20				
	und Porto „ —.30	40	50		
	zum Ausgleich unserer Rechnung vom 17. v. M. benutzen. Er bestellt ferner und empfängt per Bahn:				
	75 kg Stearinlichte à kg ℳ 1.—	75	—		
	50 „ Salonkerzen „ „ 1.30	65	—		
	1 Oxhoft Medoc	250	—		
	Fastage	7	—	397	—
	Die Einnahmen des Detailgeschäftes vom 1. bis 9. d. M. werden der Hauptkasse überwiesen			1 913	35
11	Wir regulieren die Rechnung von *Vogel & Co., Bremen* vom 2. 11. cr., fällig am 2. 2. a. f., im Betrage von	2 287	15		
	∸ 22. 11. cr. Zahlung an *G. Teubner* ℳ 1000.—				
	+ für frühere Zahlung 70/6°/₀ „ 11.70	1 011	70	1 275	45
	indem wir ihnen unser Accept per 2/2. a. f. (No. 3 des Acceptbuches) über diesen Betrag senden.				
	W. Herrmann, Görlitz sendet uns zum Inkasso 1 Wechsel a./ *W. Franke, hier* über ℳ 4987.50. Wir ziehen den Betrag ein und senden ihn unter Abzug einer Inkasso-Provision von . . . . an Herrmann.			6	30
	Die zur Verfügung von *S. Hellmann, Magdeburg* bei uns lagernden Lichte händigen wir auf Ersuchen *Hellmann's* an *M. Reich, hier* aus.				

[1]) Kassabuch.

	Von *M. Schischin, hier* kaufen wir für das Detailgeschäft gegen Kasse:				
	15 kg Kapern à kg ℳ 2.75	41	25		
	20 „ Elb-Caviar „ „ 5.10	102	—		
	5 „ russ. „ „ „ 20.—	100	—	243	25
12	Dem Detailgeschäft übergeben wir:				
	100 kg Gloriakerzen à kg ℳ 1.—	100	—		
	200 „ Stearinlichte „ „ 0.93	186	—		
	100 „ Salonkerzen „ „ 1.20	120	—		
	1 Oxhoft Pontet Canet	352	—	758	—
	Wir zahlen Gewerbesteuer:			24	—
	F. A. Schickler, hier liefert uns:				
	2500 kg Raffinade II %kg ℳ 50.—	1 250	—		
	1000 „ „ I „ „ 53.—	530	—		
	2000 „ Melis „ „ 47.50	950	—	2 730	—
	Baer & Sohn, Frankfurt a. O. bemängeln die Qualität des ihnen am 6. d. M. gesandten Mokkakaffees und stellen solchen zur Verfügung.			570	—
	Gleichzeitig belasten sie uns für Fracht und Spesen auf diese 200 kg Kaffee mit			2	80
13	*G. Teubner, hier* sendet uns 1 Check auf die Dresdener Bank, hierselbst in Höhe von			2 154	—
	und giebt folgende Abrechnung:				
	Novbr. 8. Per Waren	3 300	30		
	„ 10. An Retouren	15	—		
		3 285	30		
	÷ 4% Skonto 131.30				
	Novbr. 22. An Vogel & Co. 1000.—	1 131	30		
		2 154	—		
	Der Check wird eingelöst.				
	Gegen bar verkaufen wir:				
	30/10 Kisten Flor Fina ℳ 36.—	108	—		
	30/10 „ Gloria „ 45.—	135	—		
	20/10 „ Rose d'Or „ 51.—	102	—		
		345	—		
	÷ Skonto	7	—	338	—
	Wilh. Pforr, Breslau empfängt auf seine Bestellung, Kondition: 3 Monatsaccept.				
	4 Oxhoft Moulis			1 232	—
14	Für *Gustav Boldt* bezahlen wir die Lebens-Versicherungsprämie mit			75	—

	Wir kaufen von *J. Arnheim, hier* gegen bar:				
	1 Geldschrank			540	—
	An *Emil Kasch & Co., Hamburg* senden wir zum Ausgleich ihrer Faktura vom 11. 11. cr. über	495	—		
	∸ 2% Skonto	10	—		
	netto	485	—		
	die Tratte No. 9 p. 20. d. M. a./Breslau über			377	25
	den Rest in bar			107	75
	Karl Goern, hier empfängt				
	200 kg Stearinlichte à kg *M* 1.—	200	—		
	125 „ Gloriakerzen „ „ 1.10	137	50		
	75 „ Salonkerzen „ „ 1.30	97	50		
	200 „ Mokkakaffee „ „ 2.80	560	—		
	138,5 „ Javakaffee „ „ 2.70	373	95		
	500 „ Karolinareis % „ „ 58.—	290	—	1 658	95
15	Den uns von *Baer & Sohn, Frankfurt a. O.* am 11. d. M. zur Disposition gestellten Mokkakaffee hat unser Reisender an *Ernst Kneisel, Guben* mit *M* 2.80 pro kg verkauft und den Betrag dafür erhoben. Wir veranlassen *Baer & Sohn* zur Absendung des Kaffees an *Kneisel.* 200 kg à *M* 2.80			560	—
	An *Bernhard Klein, hier* verkaufen wir gegen sofortige Bezahlung:				
	1000 kg Melis %kg *M* 52.—	520	—		
	1000 „ Karolinareis „ „ 56.—	560	—		
		1 080	—		
	∸ 4% Skonto	43	20	1 036	80
	C. Diesner, Dresden empfängt per Bahn: Ziel: 2 Monat				
	5 Fass Petroleum netto 729,5 kg %kg *M* 32.—	233	45		
	2 „ Rüböl netto 335 kg „ „ 75.—	251	25	484	70
	Ad. Schultz, Kottbus empfängt durch *H. Werner, hier*:				
	45 kg Mandeln à kg *M* 1.90	85	50		
	50 „ Sultaninen %kg „ 78.—	39	—		
	50 „ Korinthen „ „ 55.—	27	50		
	100 „ Kakao à kg „ 3.90	390	—		
	Verpackung	5	—	547	—
16	Für Beschlagen unsres Pferdes und Reparatur eines Wagenrades zahlen wir an Schmiedemeister *Kupsch*			9	60

	Ad. Schultz, Kottbus übersendet uns nachstehende Aufstellung:				
	„Ihre Faktura vom 21. 11. cr. beträgt	860	75		
	∸ für zu hoch berechnete Emballage	11	—		
		849	75		
	∸ 2 % von ℳ 849,75 ℳ 17.—				
	Mehrfracht zu Ihren Lasten „ 2.75	19	75	830	
	die sie inliegend in Banknoten erhalten."				
	Von *Jos. Taylor, London* treffen ein:				
	100 kg Peccothee à kg 6 s. 6 d. £	32.10	—		
	90 „ Kongothee „ 3 s. 9 d.	16.17	6		
	50 „ Souchongthee „ 2 s. 3 d.	5.12	6		
	£	55.—	—		
	à ℳ 20.40			1 122	—
	Wir zahlen Fracht, Zoll und Spesen auf Thee			278	80
	Die Losungen des Detailgeschäftes vom 10. bis 16. d. M. gehen ein in Höhe von . .			1 506	70
18	Die Dresdener Bank sendet uns heute im Auftrage und für Rechnung C. Diesner in Dresden			2 400	—
	Wir zahlen für Hausabgaben	182	50		
	für Reparaturen a. d. Geschäftseinrichtung	79	25	261	75
	G. Teubner, hier empfängt:				
	250 kg Javakaffee à kg ℳ 2.75	687	50		
	235 „ Mokkakaffee „ „ 2.85	669	75		
	100 „ Campinaskaffee „ „ 2.20	220	—		
	500 „ Melis %kg „ 54.—	270	—		
	500 „ Raffinade II „ „ 60.—	300	—		
	25 „ Peccothee à kg „ 9.—	225	—		
	75 „ Kakao „ „ 3.90	292	50		
	50 „ Gloriakerzen „ „ 1.10	55	—		
	50 „ Salonkerzen „ „ 1.30	65	—	2 784	75
19	Unser Reisender kommt zurück und liefert von seinem Reise-Inkasso ab: bar .			1 037	50
	Er berechnet uns für Reisespesen. .			230	—
	Unser Bankier liefert uns				
	ℳ 6000.— 4 % Rentenbriefe à 101,80 . .	6 108	—		
	Zinsen 169/4 %	112	65		
	Kurtage ½ ‰	3	—		
	Stempel u. Provision	10	80	6 234	45

	Er nimmt in Zahlung: M 5000.— 4 % Provinzialanleihe à M 106.—	5 300	—		
	Zinsen 169/4 %	93	90	5 393	90
	und erhält den Rest bar mit			840	55
20	Wir lösen unser heute fälliges Accept (No. 2) ein			4 442	30
	Wilh. Pforr, Breslau ersucht uns, den Betrag unserer Faktura vom 13. d. M. p. 15. 3. a. f. auf ihn zu trassieren. Wir diskontieren die Tratte (No. 11) bei unserem Bankier und zahlen für Diskont 85/4 %	11	65		
	„ Acceptspesen	—	60		
	„ Wechselstempel	1	—	13	25
	B. Sauer & Sohn, hier empfangen: 75 kg Kakao à kg M 3.90	292	50		
	250 „ Campinaskaffee „ „ 2.20	550	—		
	1 Oxhoft Medoc	308	—	1 150	50
	Wir bezahlen eine Rechnung über gelieferte Fastagen mit			167	25
	Für Einrichtung des Fernsprechers und Miete für denselben pro Dezember zahlen wir			32	50
	R. Streber entnimmt der Kasse zum persönlichen Gebrauch			90	—
21	Der Betrag für Wechsel No. 10 geht ein mit			965	—
	Wir senden an *R. Zump Wwe., Bremen* zur Ebnung unseres Konto für Factura vom 15. 11. cr. über . .	10 518	90		
	÷ 2 % Skonto	210	40		
	netto M	10 308	50		
	1 Wechsel (No. 2) p. 31. 1. a. f. über			3 000	—
	unser Accept (No. 4) p. 1. 3. „ „ „			3 500	—
	sowie den Rest von M 3808.50 unter Abzug von 5 % Zinsen a./54 Tage (21. 12. bis 15. 2.) „ 28.50 in bar mit			3 780	—
	Alfred Penzlin, Guben empfängt p. Bahn: 1000 kg Karolinareis %kg M 58.—	580	—		
	500 „ Raffinade II „ „ 60.—	300	—		
	Fastage	6	75	886	75

22	Ins Detailgeschäft geben wir:				
	2 Fass n̲o̲ 290 kg Petroleum %kg *M.* 30.—	87	—		
	50 kg Korinthen „ „ 52.—	26	—		
	50 „ Peccothee à kg „ 8.25	412	50		
	250 „ Raffinade I %kg „ 59.—	147	50	673	—
	An *Max Esser, hier* verkaufen wir gegen bar:				
	2 Oxhoft Medoc	528	—		
	∸ Skonto	10	60	517	40
	Unserem *Streber* fallen durch Erbschaft . zu, die derselbe ins Geschäft einlegt.			7 500	—
23	Unser Accept per heute (No. 1) lösen wir ein mit			3 200	—
	Von *Emil Kasch & Co., Hamburg* kommt unsere Tratte auf *J. Schaefer, Breslau* unter Protest mangels Zahlung nebst Rikambio-Nota über			383	05
	zurück. Wir senden *Kasch* diesen Betrag p. Postanweisung ein.				
	Vogel & Co., Bremen senden per Bahn:				
	3050 kg Karolinareis % kg *M.* 47.50			1 448	75
	Wir zahlen Fracht auf diese Sendung			83	75
	Die Einnahmen des Detailgeschäfts vom 17. bis 23. d. M. werden der Hauptkasse überwiesen.			1 643	20
26	Für *Ad. Roy & Co., Hamburg* stellen wir folgende Abrechnung über die Kommissionsware vom 25. 11. cr. auf:				
	1. 12. Verkauft auf Zeit: 2500 kg Gal.-Öl	2 125	—		
	9. 12. „ geg. bar 2500 „ „ „	2 461	95		
		4 586	95		
	hiervon ab: verlegte Fracht *M.* 353.45				
	Rollgeld „ 8.50	361	95		
		4 225	—		
	Mehr-Erlös gegen limitierten Preis von	4 000	—	225	—
	Wir berechnen ferner:				
	2% Verkaufsprovision von *M.* 4586.95	91	75		
	½% Delkredere von „ 2125.—	10	65		
	½% Kurtage von „ 2461.95	12	30	114	70
	und kreditieren Roy & Co. mithin für			110	30
	Zum Ausgleich ihres Guthabens von . . .	4 110	30		
	senden wir denselben unter Kürzung von 5% Zinsen für frühere Zahlung von *M.* 2125.— auf 65 Tage =	19	20		
	in Banknoten, Coupons und Briefmarken			4 091	10

27	Wir kaufen durch unseren Bankier Fl. 156 p. 12. 2. a. f. a/Amsterdam, wofür wir incl. Kurtage, Provision und Stempel . . .			263	25
	zahlen.				
	Vorstehenden Wechsel senden wir an *van Zoonen, Amsterdam* und berechnen	Fl.	c.	M.	₰
	solchen à 170 M. % Fl.	156	„	265	20
	Wir ersuchen *Zoonen*				
	zuzügl. 4% von Fl. 787.50	31	50	53	55
	sowie der am 2. d. M. gesandten . .	600	—	1 020	—
	unser Konto in Höhe von	787	50	1 338	75
	zu begleichen.				
28	Über *J. Schaefer, Breslau* neuerdings eingezogene Erkundigungen veranlassen uns, den uns heute von dessen hier lebendem Bruder gemachten Vergleichs-Vorschlag anzunehmen. Nach diesem erhalten wir $33^{1}/_{3}$% unserer Forderung sofort bar mit			127	65
	ausgezahlt. Den Rest der Schuld will Schaefer innerhalb eines Jahres gleichfalls abtragen.				
	Von *Ad. Drucker, Stettin* treffen zur Verfügung von C. Diesner, Dresden wieder 15 500 kg Weizen ein, für die wir die Fracht auslegen mit			231	75
29	*Alfred Penzlin, Guben* sendet bar	1 366	70		
	welche wir zuzüglich 4% Skonto =	77	80		
	und „ Zahlung an Schwarz	500	—		
	zum Ausgleich unserer Faktura v. 21. 11. über			1 944	50
	verwenden.				
	Emil Kasch & Co., Hamburg liefern p. Bahn:				
	50/10 Kisten Gloria M. 40.—	200	—		
	50/10 „ Rose d'Or „ 45.—	225	—		
	30/10 „ Aquila del Oro „ 52.—	156	—	581	—
30	Wir bezahlen einige Rechnungen für das Detailgeschäft			523	75
	An Mieten pro Dezember gehen ein . . .			575	—
	Wir zahlen Hypotheken-Zinsen				
	an F. Berndt auf M. 50 000 30/4%	166	65		
	„ Schilling „ „ 45 000 30/$4^{1}/_{2}$%	168	75	335	40
	Max Streber empfängt sein Darlehn zuzüglich der Zinsen für dasselbe (30/5%) zurück mit			4 518	75

	van Zoonen, Amsterdam bestätigt den Empfang unserer Regulierung vom 27. d. M., bewilligt uns jedoch nur 2% Skonto und hält uns für zu viel gekürzte 2% von Fl. 787.50 = Fl. 15,75 à 170.— . . . . . belastet.			26	75
	Der am 28. d. M. eingegangene Weizen wird auf Ordre von *C. Diesner* an *Alb. Busch, Magdeburg* verladen und wir erteilen Diesner folgende Speditionsnota:				
	Verlegte Fracht	231	75		
	Rollgeld für 15 500 kg % kg M 0,25	38	75		
	Verwiegen, Provision u. sonst. Spesen	15	50	286	—
31	Die Losungen des Detailgeschäftes vom 24. bis incl. heute fliessen in die Hauptkasse			1 087	50
	Wir belasten Handlungs-Unkostenkonto für Miete für das Geschäfts-Lokal . . .			400	—
	desgl. *R. Streber* für seine Privatwohnung in unserem Hause			90	—
	Wir bezahlen die Salaire pro Dezember .	225	—		
	Lohn dem Hausdiener	72	—		
	die sonstigen Unkosten lt. besonderem Buch betragen	289	55	586	55
	An Unkosten für das Gespann und Kutscherlohn wurden lt. besonderer Notiz gezahlt			116	35
	Beim Abschluss der Kasse ergiebt sich ein Plus von			15	—

(Vakatstrich.)

Inventur am 31. Dezember 19 . .

I. Aktiva.

A.	**Warenlager:**					
	420 kg Mokkakaffee	2.35	987	—		
	326,5 „ Javakaffee	2.30	750	95		
	965 „ Campinaskaffee . . .	1.95	1 881	75		
	2200 „ Karolinareis %kg	50.—	1 100	—		
	1090 „ Raffinade I „	53.—	577	70		
	1995 „ „ II „	50.—	997	50		
	2260 „ Melis „	47.50	1 073	50		
	25 „ Peccothee	8.25	206	25		
	50 „ Souchongthee . . .	2.90	145	—		
	90 „ Congothee	4.80	432	—		
	75 „ Gloriakerzen %kg	92.50	69	35		
	50 „ Kakao	3.30	165	—		
	1 Fass n⁰ 147,5 kg Petroleum %kg	26.50	39	10		
	50/10 Kisten Zigarren Gloria . .	40.—	200	—		
	50/10 „ „ Rose d'Or	45.—	225	—		
	30/10 „ „ Aquila del Oro	52.—	156	—	9 006	10
B.	**Debitoren:**					
	J. Eulner, hier	K.K. 9	1 253	05		
	B. Sauer & Sohn, hier . . .	„ 9	1 785	65		
	G. Teubner, hier	„ 10	2 784	75		
	Karl Goern, hier	„ 10	2 329	95		
	Baer & Sohn, Frankfurt a./O.	„ 11	1 083	30		
	F. Grensing, Fürstenwalde . .	„ 11	397	—		
	Ad. Schultz, Kottbus	„ 12	547	—		
	Alfred Penzlin, Guben . . .	„ 13	886	75		
	C. Diesner, Dresden	„ 13	832	65		
	H. Moeller, Guben	„ 14	1 117	—		
	W. Zweig, Sommerfeld . . .	„ 14	1 274	—	14 291	10
C.	**Detailgeschäft:**					
	Kleine Aussenst. lt. Ladenkladde		76	—		
	Warenbestände lt. besonderer Aufnahme		8 019	40	8 095	40
D.	**Wechsel:**					
	No. 6. p. 15. 1. a. f. a./hier . .				720	75
E.	**Kassa:**					
	Barbestand und Kassenscheine				2 661	05
F.	**Utensilien:**					
	Inventurwert vom 30. 11. cr. .		3 019	75		
	Neuanschaffung		540	—		
			3 559	75		
	∸ Abschreibung		35	75	3 524	—
G.	**Effekten:**					
	ℳ 6000.— 4 % Rentenbriefe	102.20	6 132	—		
	Zinsen 180/4 %		120	—	6 252	—
	Transport				44 550	40

Inventur am 31. Dezember 19 . .

	Transport				44 550	40
H.	**Gespann:**					
	Inventurwert vom 30. 11. cr. .		1 134	—		
	∸ Abschreibung		11	50	1 122	50
I.	Haus:					
	Anschaffungswert		135 650	—		
	∸ Abschreibung		650	—	135 000	—
	Zweifelhafte Aussenstände:					
	J. Schaefer, Breslau		255	40		
	für gut angenommen mit				100	—
	Gesamt-Aktiva				180 772	90
	II. Passiva.					
A.	**R. Streber:**					
	Kapitalforderung vom 1. 12. cr.		25 972	70		
	Neueinlage		7 500	—		
			33 472	70		
	∸ Privatverbrauch		330	—	33 142	70
B.	**G. Boldt:**					
	Kapitalseinlage vom 1. 12. cr.		35 420	85		
	∸ Privatverbrauch		355	75	35 065	10
C.	**Kreditoren:**					
	F. A. Schickler, hier		2 730	—		
	Vogel & Co., Bremen		1 448	75		
	Jos. Taylor, London £ 55.— à	20.40	1 122	—		
	Voigt & Vogeler, hier. . . .		386	70		
	Emil Kasch & Co., Hamburg .		581	—		
	F. Cardi, Triest Fl. 712,25 à	168.—	1 196	60		
	van Zoonen, Amsterdam Fl. 15.75 à	170.—	26	75		
	S. Hellmann, Magdeburg . .		1 495	—		
	Dumont fils et frères, Bordeaux Frcs. 2275.— à	80.—	1 820	—	10 806	80
D.	**Accepte:**					
	No. 3 p. 2.2. a. f. Ordre Vogel & Co.		1 275	45		
	„ 4 „ 1.3. „ „ Zump Wwe.		3 500	—	4 775	45
E.	**Hypotheken:**					
	I. F. Berndt, hier	4 %	50 000	—		
	II. Schilling, hier	4½ %	45 000	—	95 000	—
	Gesamt-Passiva				178 790	05
	Bilanz.					
	Aktiva		180 772	90		
	Passiva incl. Kapitalford. d. Inhaber				178 790	05
	Reingewinn pro Dezember . . .				1 982	85
			180 772	90	180 772	90

Berlin, den 31. Dezember 19 . . R. Streber. G. Boldt.

Abschlussbogen,
Gewinn- und Verlust-Ermittelung am 31. Dezember 19..

Haupt-Buch Folio		1. Saldo-Bilanz vom 31. Dezember 19..				2. Inventur vom 31. Dezember 19..				3. Ergebnis der Vergleichung der Rubriken 2 und 1.			
		Debet		Credit		Aktiva		Passiva		Verlust		Gewinn	
1	Waren-Konto	6 252	70			9 006	10					2 753	40
2	Detail-Konto	7 158	30			8 095	40					937	10
„	Wechsel-Konto	720	75			720	75						
3	Speditions-Konto			54	25							54	25
„	Zinsen-Konto			29	—							29	—
4	Accepten-Konto			4 775	45			4 775	45				
„	Kommissions-Konto			123	20							123	20
5	Agio-Konto			13	95							13	95
„	Handl. Unkosten-Konto	1 416	—							1 416	—		
6	Kapital-Konto R. Streber			33 142	70			33 142	70				
7	Provisions-Konto			6	30							6	30
„	Utensilien-Konto	3 559	75			3 524	—			35	75		
8	Effekten-Konto	6 161	40			6 252	—					90	60
9	Gespann-Konto	1 259	95			1 122	50			137	45		
10	Kassa-Differenz-Konto			15	—							15	—
„	Kassa-Konto	2 661	05			2 661	05						
11	Konto-Korrent-Konto	3 484	30			14 291	10	10 806	80				
„	Kapital-Konto Gustav Boldt			35 065	10			35 065	10				
12	Konto-Dubio	255	40			100	—			155	40		
„	Haus-Konto	135 650	—			135 000	—			650	—		
13	Hypotheken-Konto			95 000	—			95 000	—				
14	Hausertrags-Konto			354	65							354	65
		168 579	60	168 579	60	180 772	90	178 790	05	2 394	60	4 377	45
						178 790	05					2 394	60
				Reingewinn[1]) lt. Inventur:		1 982	85			Reingewinn lt. Hauptbuch:		1 982	85

[1]) Ueber die Verteilung des Reingewinnes siehe Seite 52.

Die amerikanische Buchführung.

Die sogenannte amerikanische Buchführung, welche sich in den letzten Jahren auch in Deutschland viele Anhänger erworben hat, ist nichts anderes, als eine in besonderer Form dargestellte doppelte Buchführung. Ihr Vorzug ist, bei grösster Kürze und Einfachheit die schärfste Uebersicht zu geben.

Sie ermöglicht es, sämtliche Geschäftsvorgänge in ein einziges Buch,

das amerikanische Journal und Hauptbuch,

einzutragen, dessen Einrichtung sich den Erfordernissen des Geschäftsbetriebes anpassen muss.

Folgende Einrichtung wird vielfach angewendet.

In der Mitte zweier gegenüber liegender Blattseiten wird zunächst eine Datumrubrik, rechts davon je ein Raum zur Anführung des Debitors sowie des Kreditors eingerichtet. Rechts an letzteren schliesst sich ein etwas grösserer Raum zur Aufnahme des Textes, und an diesen eine Geldrubrik an. Der Zweck der letzteren soll später erklärt werden. Hierauf folgt noch eine Rubrik zur Aufnahme der Folien des Konto-Korrentbuches, in welches die Personenposten zu übertragen sind. Links und rechts von diesen sechs Rubriken befinden sich soviel Geldkolonnen, als Konten im Geschäft geführt werden. Von der Mitte ausgehend, werden die Geldkolonnen der linken Seite sowohl, wie die entsprechenden der rechten Seite mit den Namen der Konten überschrieben und die Reihenfolge zweckmässig so gewählt, dass die am häufigsten erscheinenden Konten nach der Mitte zu stehen. Die linken oder Debet-Kolonnen nehmen die den bezüglichen Konten zu belastenden, die rechten oder Credit-Kolonnen die zu entlastenden Summen auf.

Die Art und Weise der Eintragung ergiebt sich ohne weiteres aus dem nachstehenden Schema. Aus diesem ist zu ersehen, dass jede Buchung nur eine Zeile erfordert. In besonders klarer Weise gelangt hierbei das Grundprinzip der doppelten Buchführung zur Darstellung.

Jeder Betrag ist einmal in das Debet eines Kontos und ein zweitesmal in das Credit eines anderen Kontos einzutragen.

Die ausserdem in die mittlere Geldrubrik eingetragenen Summen haben den Zweck, den Betrag jedes Postens mit Leichtigkeit ersehen zu lassen und dienen gleichzeitig Kontrollzwecken.

Es ist klar, dass man bei dieser Art der Buchführung jederzeit eine Rohbilanz aufstellen kann, indem man einen Querstrich zieht und unter diesen die Additionssummen der einzelnen Konten setzt. Addiert man nun die Beträge der mittleren Geldrubrik, so muss das Ergebnis mit dem der Queraddition der unter dem Strich stehenden linksseitigen und rechtsseitigen Beträge übereinstimmen. Jeder Fehler beim Eintragen ist ferner leicht zu finden, weil man nur nötig hat, die Zeilen daraufhin zu prüfen, ob jedesmal die gleiche Summe im Debet und Credit enthalten ist.

Man kann in dieses Buch a l l e Geschäftsvorfälle eintragen.

Es empfiehlt sich jedoch, die auf Waren-Verkauf und -Einkauf bezüglichen Posten zunächst in besondere Bücher und am Monatsschluss nur deren Endbeträge in das Hauptbuch einzutragen, wie es das Schema zeigt.

In gleicher Weise kann man mit den Kassabuchungen verfahren, indem man ein besonders eingerichtetes Kassabuch führt, welches später erklärt werden soll.

Die Posten des Hauptbuchs werden fortlaufend bis zum Schlusse der Geschäftsperiode addiert. Die Gewinn- und Verlustermittelung erfolgt in derselben Weise, wie bei der doppelten Buchführung.

Die erforderlichen Buchungen über Gewinn- und Verlust-Konto sowie die Abschlussbuchungen über Bilanz-Konto werden ebenfalls direkt in das Hauptbuch eingetragen und dieses in der aus dem Schema ersichtlichen Weise abgeschlossen.

Im allgemeinen wird das amerikanische Journal und Hauptbuch stets mit Vorteil für solche Geschäfte zu verwenden sein, welche keine allzugrosse Anzahl von Konten führen.

Andernfalls wird das Buch sehr breit und unhandlich. Man hat letzteres dadurch zu vermeiden gesucht, dass man von den weniger häufig auftretenden Konten zwei in einer Rubrik, und zwar eins mit roter Tinte führt. Die hiermit verbundenen Uebelstände liegen auch ohne Erklärung auf der Hand; man denke nur an die Verwechselung der Tinten.

Die im Schema in der Mitte enthaltenen Rubriken können ferner auch vorn und alsdann die Debet- und Creditrubriken eines jeden Konto nebeneinander angeordnet werden. Unerlässlich bleibt auch bei der amerikanischen Methode auf jeden Fall die Führung des Konto-Korrentbuches.

Will man die auf Geld-Eingang und -Ausgang bezughabenden Posten nicht einzeln in das Hauptbuch eintragen, so führt man ein

Kassabuch nach amerikanischer Art,

wie es für die Eintragungen in das Hauptbuch als vorhanden angenommen ist.

Seine Einrichtung zeigt das Schema im Anhang I.

Die häufiger auftretenden Konten werden auch hier wieder in besonderen Rubriken geführt. Ausserdem enthält jede Seite desselben eine Rubrik zur Aufnahme der Buchungsbeträge für solche Konten, welche keine besondere Rubrik haben. In dem zugehörigen Text ist jedoch stets das in Betracht kommende Konto anzuführen.

Am Schlusse des Monats werden die einzelnen Rubriken addiert. Der Additionsbetrag wird jedesmal in die letzte Rubrik eingesetzt und das entsprechende Konto auf der entsprechenden Zeile des Textraumes wiederholt. Raummangels halber sind die in der Rubrik „verschiedene Konten“ stehenden Beträge bei dem Abschluss im Schema nur summarisch in die letzten Rubriken eingesetzt. In der Praxis wird man natürlich die zum gleichen Konto gehörigen Beträge auf einem besonderen Bogen zusammenstellen und das Ergebnis für jedes Konto gesondert einsetzen.

Der Bestand wird im neuen Monat in der Rubrik „Verschiedene Konten“ vorgetragen.

Additional material from *Leitfaden für den praktischen Unterricht in der Einfachen und doppelten Buchführung*,
ISBN 978-3-662-33505-5,
is available at http://extras.springer.com

EXTRA
MATERIALS
extras.springer.com

GPSR Compliance

The European Union's (EU) General Product Safety Regulation (GPSR) is a set of rules that requires consumer products to be safe and our obligations to ensure this.

If you have any concerns about our products, you can contact us on ProductSafety@springernature.com

In case Publisher is established outside the EU, the EU authorized representative is:

Springer Nature Customer Service Center GmbH
Europaplatz 3
69115 Heidelberg, Germany

Batch number: 10844627

Printed by Printforce, the Netherlands